本书为教育部人文社会科学研究青年基金项目"教师伦理困境及教师专业伦理建设研究"（项目号：11YJC880141）的研究成果

文学经典教育的审美期待
——从教育文本看教学的伦理困境

杨启华　著

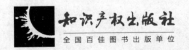

全国百佳图书出版单位

图书在版编目（CIP）数据

文学经典教育的审美期待：从教育文本看教学的伦理困境／杨启华著.
—北京：知识产权出版社，2012.12
ISBN 978 – 7 – 5130 – 1750 – 3

Ⅰ.①文… Ⅱ①. 杨… Ⅲ①. 古典诗歌 – 中国 – 初中 – 教学参考资料
Ⅳ.①G633. 303

中国版本图书馆 CIP 数据核字（2012）第 286122 号

责任编辑：罗　慧　　　　　　　责任校对：董志英
特约编辑：房春草　　　　　　　责任出版：刘译文

文学经典教育的审美期待
——从教育文本看教学的伦理困境

Wenxue Jingdian Jiaoyu de Shenmei Qidai

杨启华　　著

出版发行：知识产权出版社 有限责任公司　　　网　　址：http：//www.ipph.cn
社　　址：北京市海淀区马甸南村 1 号　　　　　邮　　编：100088
责编电话：010 – 82000860 转 8345　　　　　　责编邮箱：luohui@ cnipr.com
发行电话：010 – 82000860 转 8101/8102　　　发行传真：010 – 82000893/82005070/82000270
印　　刷：北京中献拓方科技发展有限公司　　　经　　销：各大网上书店、新华书店及相关专业书店
开　　本：720mm×960mm　1/16　　　　　　印　　张：14
版　　次：2014 年 6 月第一版　　　　　　　　印　　次：2014 年 6 月第一次印刷
字　　数：161 千字
ISBN 978 – 7 – 5130 – 1750 – 3　　　　　　　定　　价：36.00 元

序　言

　　人类是一个梦想的动物。生命力的最重要表征之一就是我们的梦想能力。无论是群体还是个体，那些最"有梦"的人都是生命力最旺盛的人；而人类个体或群体某些越来越"成熟"或者"现实"的表现，则往往意味着他或者他们正在老去。

　　正因为如此，在人类文明的延续与发展的链条中，文学及其教育这一环节就显得十分重要。中国教育的严重异化，不仅见证于哲学课程反倒使得学生日益失去批判力，更表现为通过本应激发生命活力的文学教育却逐渐窒息甚或消灭儿童的梦想能力。因此，无论从文学出发，还是基于教育学的立场，在诗词教育方面揭示异化、修复美感都是最有意义的精神劳作。

　　启华博士的《文学经典教育的审美期待——从教育文本看教学的伦理困境》以中学诗词教育的现实文本为分析对象，不仅细致描摹了窒息想象、肢解诗意的诗词教育病态，而且深入分析了形成这一病象的强社会控制机理——"一方面，诗词文本的编制反映了社会对教育内容的控制。诗词主题的选择、诗词数量的确定以及诗词内涵的解读等，多以社会价值为取向并反映了社会统治阶层的教育要求。另一方面，通过诗词文本实施教育又实现了对社会的控制。以经过价值选择与价值赋予的诗词文本教育学生，诗词的价值内涵与社会的教育要求被传递给学生，使学生形成群体性记忆与想象"。因此，诗词教育功能的修复之路，自然就是要让"上帝的归上帝，凯撒的归凯

1

撒"，解开强社会控制的思想镣铐，让自由和梦想的文学精神自由翱翔。

年轻学人言说的青涩与迟疑不可避免，但是从现象描摹到本质分析、从问题提出到出路的找寻，启华对中学诗词教育文本与社会控制的理论分析完整、独到，细腻的表达和深邃的理性实现了较为完美的统一。作为本书的第一读者，最初阅读的喜悦至今仍然记忆犹新。而现在最初那本简陋的打印文稿就要变成华美的正式出版物的时候，我想我的兴奋也许并不少过作者。我之兴奋，与其说是源于与作者三年同行结下的私人性的情谊，不如说更多的是来自与更多读者共同分享这一精神佳肴的公共性期待。因为诗词教育不仅是教育的一个片段，而是教育品质的整体象征、教育者和受教育者生存境遇的全息写照。在一个以诗词为传统、为骄傲的国度，尤其如此。

我由衷期待本书的出版是一次中国教育自我救赎的珍贵机缘，也由衷祝愿作者"文学经典教育的审美期待"美梦成真！

檀传宝
癸巳年初春于京师园寓所

摘　　要

中华诗词是民族文化的重要组成部分和载体。在诗的国度中，诗教传统源远流长。然而，诗词的现实地位以及当今诗教的效果不尽如人意：从学生角度而言，许多学生并不喜欢诗词，他们改编诗词，以"戏仿"的方式消解诗词的高雅与含蓄；从教育角度而言，学校诗词教育裁剪掉了诗词的想象空间，抛弃了诗意。这就是当前学生的生存样态与学校诗词教育的现实。本研究从诗词教育的这种尴尬处境入手，通过对诗词教育的阅读文本与解读文本的深度剖析，探寻诗词教育之现状形成的原因及解决之道。

教育内容是有限的知识，教育内容的编制是人的主体性活动，因此，不论是诗词选择还是诗词解读，都涉及对知识价值的选择与认定。诗词教育的阅读文本与解读文本同社会控制紧密相联。社会控制包括两方面：一方面，诗词文本的编制反映社会对教育内容的控制。诗词主题的选择、诗词数量的确定以及诗词内涵的解读等，多以社会价值为取向并反映社会统治阶层的教育要求。另一方面，通过诗词文本实施教育又实现对社会的控制。以经过价值选择与价值赋予的诗词文本教育学生，诗词的价值内涵与社会的教育要求被传递给学生，使学生形成群体性记忆与想象。因此，诗词教育的社会控制是通过文化符号实施的思想控制，它是在学生"共谋"与"认同"基础上实现的"柔性的强权"。

　　诗词教育社会控制功能的积极意义在于：它使民族文化和民族精神得到传承，使社会主流意识形态得以维护与传承，使学生形成强烈的社会认同感与集体归属感，从而增强社会凝聚力，维护社会稳定、促进社会发展。但是，过强的社会控制也会使诗词教育产生消极作用。强社会控制取向的教育使得诗词经典成为教条，诗词教育成为规训，从而导致诗意的丧失，使教育偏离其作为培养人的活动的本质属性。因此，诗词教育的社会控制功能必须保持合理的限度。

　　为找寻诗词教育中被放逐的诗意，需要改革诗教阅读文本与解读文本。在诗词选择方面，应在传承经典的基础上建构经典，敞亮诗词选择的视域，为诗词经典卸下其社会控制的重担。在诗词内涵解读方面，应还原诗词的文艺性特点，发展学生独立、自由的理解、分析与批判能力。改革的本质目的在于：追寻教育活动的诗意，使教育成为超越现实和功利、充盈个性和自由的培养人的活动。

ABSTRACT

Chinese poetry is the component and carrier of ethnic culture. There is a long history of poetry education in China. However, nowadays, poetry education has little effect in students' development. On one side, many students dislike poetry. They recompose poems in bad taste. On the other side, the spirit of poetry disappeared in poetry education. Therefore, the dissertation is trying to find out the reasons and solutions to such problem by analyzing poetry education texts.

Only limited knowledge can be selected as educational contents. The compilation of educational contents is a kind of human activity. As a result, selecting and interpretating poetry are processes of value-select and value-endue. Poetry education texts are closely related to social control. Firstly, compiling poetry education texts, which includes selecting the themes, deciding the amounts, and interpretating the meanings of poetry, is controlled by the dominate strata of the society. Secondly, by using the poetry education texts as educational material, education plays a role of social control. The added value can be passed down to students by education. The formation of group remembrance and imagination represents the effects of social control. Therefore, the social control function of poetry education is symbolic power, which is realized on the "collusion" and "identification" of students.

The social control function of poetry education contributes to the inheritance of ethnic culture and spirit. Besides, it contributes to the maintainace of social ideology, as well as the social stability. However, intensive social control brings negative effects. Poetry is turned to dogma, education becomes discipline. As a result, poetic characteristics disappear, the nature of education disappear. To solve the problem, the social control function of poetry education should be limited to a reasonable degree.

Only by revising the poetry education texts can the poetic characteristics be retrieved. Firstly, more poetry should be selected as educational material. The social control function of poetry texts should be unloaded. Secondly, the priority of interpretation should be placed on the literariness of poetry. The individual and free interpretation ability of students should be developed. The aim of the reform is to pursuit poetic characteristics of education, to retrieve the nature of education—cultivate human being.

目　　录

第一章 绪 论

第一节 研究缘起

一、现实问题：学生的生存样态

中华民族有着悠久绚烂的文化，诗词犹如文化长河中的珍珠，灿烂耀眼。诗词是深厚中华文化的载体，也代表了文学艺术的高度成就。无论是古代诗人还是现当代诗人，无一不是怀着丰富的感情，对生活体察入微。他们或醉或醒，或执著或洒脱，或沉郁或飘逸……任思绪流淌，由情感飞扬。中华诗词的经典之作丰富多彩，几乎每个略通文字的人都能背诵几首诗词。中国的童学启蒙多从诗词入手，牙牙学语的孩童已开始背诵诗词。诗词以其短小浓缩、富有音乐与韵律美、易于传诵等特点而得到广泛流传。因此，中国诗词具有庞大的接受群体。

除了启蒙教育外，人们对诗词的了解与记忆，多来自学校教育。当学生步入学校，学校教育成为他们形成对诗词的较稳定记忆与理解的重要途径。而在学校教育的各个阶段中，中学阶段的教育尤为关键，它是学生的人生观、世界观与价值观形成的重要时期。因此，中学教育在强化学生对于诗词的记忆和培养学生审美趣味方面发挥着重要作用。总之，学生对诗人的评价、对美的欣赏、对历史的记忆、对未来的想象等都与学校诗词教育密切相关。

（一）学生戏仿诗词

尽管诗词灿烂辉煌，当今许多学生并不喜欢诗词却是不争的事实，学生对诗词的戏仿成为他们表达情绪的方式之一。戏仿就是戏谑性、讽刺性地仿拟他者语言，"包含了不甚恭维，不太严肃的成分，有开玩笑、戏谑、逗哏、调侃的性质"。❶戏仿文学"几乎总是从经典文本或是教科书里的素材下手"，❷通过对权威经典作品的"戏仿"来解构权威，颠覆权威。

学生戏仿诗词的例子甚多，如：QQ（网络聊天工具）版的《再别康桥》片段："轻轻的，我'隐身'了，正如我轻轻地'上线'/我轻轻地敲击键盘，打下对你的886。/那好友中你的QQ头像，/是月下嫦娥，/嗒嗒的声音，在我心中起伏。/闪烁的头像，静静地在网上跳动。"又如，学生改编的《沁园春·考试》："考场风光，/千里纸飘，/万里眼瞟。/望教室内外，/风景甚好，/交头接耳，/互打手势，/欲与考官试比高；/需来日，/看考卷成绩，/惊喜拥抱。　　昔八股取士，/摇头晃脑，/死记硬背，/甚是苦恼。/一代天骄，/时代宠儿，/考试作弊出高招。/俱往矣，/数风流高手，/还看今朝。"对诗词进行"无厘头"改编的例子还很

❶ 刘康. 对话的喧声——巴赫金的文化转型理论［M］. 北京：中国人民大学出版社，1995：166.

❷ 蒂费纳·萨莫瓦约，著. 互文性研究［M］. 邵伟，译. 天津：天津人民出版社，2003：42.

多，这些改编并没有固定的方式，有时候一首诗词有多种改编，表达不同情感。

戏仿诗词经典展现了部分学生的生活样态，是学生特定情感的一种释放。例如：QQ 版的《再别康桥》展现了当代青少年学生的网络生活；《沁园春·考试》展现了学生在考试中与监考老师的"游戏"，变相地传达了学生对于考试重压的不满与无奈。但是，戏仿诗词经典消解了诗词的高贵，使得诗词的形式之美、音韵之美、意蕴之美消失殆尽。通过模仿诗词的结构，保留诗词中部分字词，以嘲讽、娱乐的态度来改编诗词，高雅的经典变为了粗俗的打油诗，优美的作品和平庸滑稽的文字联系了起来。从"阳春白雪"到"下里巴人"，诗词的高雅优美被消解。当然，并不是说学生戏仿诗词是值得赞成的，是必须被迎合的，而是说戏仿诗词暴露出来的诗词教育弊端必须引起人们足够重视。

（二）诗词抛弃学生

这些"无厘头"的"诗词"能在学生群体中逐渐流传，并且已经从少数人的自娱自乐变为了一种集体狂欢。戏仿诗词有其生存和壮大的土壤，许多人对极端戏谑诗词经典的行为深表担忧并进行抨击，但是在愤慨与忧虑之外更应该深思：学生之所以戏仿诗词，原因之一是不是在于学校诗词教育首先抛弃了学生？

戏仿诗词经典，确实有部分学生趣味低下、境界不高的因素。但诗词教育本身的不足更是引发学生戏仿的重要原因。在2006 年"广东省新诗阅读教学研讨会"上，师生、诗人与学者的观点反映了当前诗歌教学的困境。

"从小学到中学，老师们讲起诗歌都是一个模式。先让我们朗诵诗歌，把字词句都搞明白，然后为我们总结诗歌的主题思想，所有的诗歌都千篇一律弘扬爱国主义、民族精神！"谈到诗歌，深圳实验中学的一位学生认为，在他经历过的所有诗歌教学课中，没有一堂课曾经吸引过他。"一点都不夸张！"他甚至这样强调，"尤其是老师强拉硬扯把某些明显的爱情诗细节，非说成是爱国主义的写照时，我们简直觉得他们是在低估我们的智商！主题思想就那么重要吗？没有主题思想，诗歌难道就没有其他可讲之处吗？"诗人王家新也指出："现在的诗歌教学，缺乏文学本位的理念。没有把诗歌当诗歌讲，而是把它们当作思想政治课来上。通过诗歌，学生们不能从中体会到文学的美感，也不可能体会到语言的艺术。"❶

诗词拥有文字美、绘画美、音乐美、建筑美等。诗词蕴含了诗人、词人的丰富情感，也展现了他们不羁的想象。然而，学校诗词教育给予学生的记忆，除了极少数轻柔与婉约的情感："轻轻的我走了，/正如我轻轻的来，/我挥一挥衣袖，/不带走一片云彩"，更多的是铿锵与悲愤的情感："烽火连三月，家书抵万金""南国烽烟正十年，此头须向国门悬"等。诗词教育给予学生的想象，更多的是："这首诗深刻地揭露了……

---

❶ 刘丽. 诗歌教学重说教把爱情当爱国 牵强附会学生反感 [DB/OL]. http: //www. southcn. com/news/dishi/shenzhen/shehui/200604260442. htm, 2006 - 04 - 26 [2008 - 08 - 01].

强烈地批判了……生动地表现了……热情地歌颂了……"之类的模式化评价与想象。一批又一批学生走出学校，带着被模塑了的记忆与想象。产生这样的结果，是否正如有人所批判的那样，原因在于教师的课堂教学缺乏诗意，把诗词教学当作思想政治教学？作为课堂教学的主导者，教师确实有不可推卸的责任。然而，诗意的缺失和诗词教育的异化，教师究竟是始作俑者还是无可奈何的执行者？

二、理论思索：教育的现实追求

从社会学角度分析教育活动，可以发现教育具有社会控制功能。而教育之社会控制功能的发挥成为教育的现实追求。教育的社会控制方式有制度化的控制方式、经济化的控制方式等。而如今，教育的社会控制方式更加隐性化。本书研究的问题便在于分析教育领域中更加隐性化的控制手段是什么。

社会要良性运行，仅仅靠自然秩序远远不够，社会控制是必要的。社会控制理论最初认为，对犯罪和越轨行为要进行预防、阻止和处置，以维护社会秩序。随着人们认识的发展，社会控制理论也在深化，人们依据社会力量，以一定的方式对社会生活各方面施加影响，协调社会各部分之间的关系，这类活动都属于社会控制。社会控制的手段有法律、行政、风俗、宗教、艺术、舆论等。许多领域都对社会控制进行研究，如研究国家机器的社会控制功能，研究宗教、风俗的社会控制功能，研究舆论、传媒的社会控制功能。

教育领域也对社会控制进行研究，认为教育具有社会控制的功能。教育的社会控制方式经历了种种演变。最初是实行制度化的控制方式，即教育体制实行双轨制，平民、贵族分开就学，平民和贵族分别走两条不同的发展道路，通过这种方式，限制平民的发展，贵族统治集团的统治秩序得以维持。双轨制取消之后，教育的控制方式转变为经济化的控制方式，社会不同阶层所拥有的经济实力差别很大，因而来自不同阶层的学生所拥有的受教育机会不相同，经济条件成为部分学生发展的障碍。通过经济的控制方式，社会的等级得以复制。

但是，随着社会的发展，制度化的控制方式消失了，经济化的控制方式也逐渐弱化。我国目前不存在双轨制，而且国家也在尽量缩小因为经济差异而造成的学习条件差异。因此，教育的社会控制方式发生了转换，更加隐性化了。通过对教育活动中各种现象进行仔细分析，可以发现，教科书是社会控制的重要中介。从"什么知识最有价值"到"谁的知识最有价值"，人们已经逐渐揭开教育知识内容的客观中立的面纱，探寻知识背后所蕴藏的价值选择与意识形态影响。而由于语文教育不仅仅是民族语言的教育，更承载着民族文化与民族精神，因而其所发挥的社会控制功能自然不能被小觑。

从诗词教育现实看，学校诗词教育培养着学生的审美趣味，调控着学生的社会情感。教育社会学领域之社会控制视角为分析诗词教育现象提供了理论思路。教育的追求，更偏重于其社会控制功能的实现。诗词不仅仅给学生留下了自由想象的空间，更给教育活动中的解读者留下了广阔的解读空间。相比语文教育中其他体裁的文学作品而言，诗词言简旨远，其大片的书写空白留给人们无尽的想象空间，但这些想象空间却已被学校教育无情裁减掉。追根溯源，到底是谁在形塑学生的审美与情感体验？谁在折断学生想象的翅膀？除了对教学过程进行反思，我们更需要关注诗词教育文本。因为诗词教育文本才是对教学进行规范，对学生进行规训的基本来源。因此，本研究便试图以诗词教育文本为分析对象，探究诗词教育文本的选择与解读如何挤占学生的想象空间，又如何规训学生群体的记忆与想象。一批批学生通过接受诗词教育所形成的共同记忆与想象，于国家、社会有着怎样的意义？现实的教育追求是否合理？

学生戏仿诗词，将诗词经典极端解构；诗词教育的审美功能异化，其社会控制功能发挥到极致。反思这两种现象，诗词教育究竟应如何作为？

第二节 分析工具与研究方法

一、分析工具

本研究以课程社会学的理论基础——知识社会学作为分析工具。"知识社会学正式形成于 20 世纪 20 年代，从其产生到现在，其关注重心日益趋向于知识的不同类型与某种'社会范围'之间的功能性相互关联。马克思可被视为知识社会学的重要先驱，他认为，至少在一定历史条件下，经济现实通过各种社会经济过程最终地决定了意识形态的上层建筑，他还指出，作为一种观察单位，社会范围不仅可以是总体社会与文明，还可以是不同的社会群体，尤指不同的社会阶级。社会阶级能够确定知识的趋向，甚至能够在内在趋向中赋予知识以目的性，这也就是所谓的知识的阶级性"。❶ 新马克思主义社会批判理论代表人物阿普尔认为，课程知识的选择和分配是统治阶级依据某一选择或组织原理而运作的意识形态上的抉择。舍勒和曼海姆是知识社会学的重要代表人物。曼海姆扩展了马克思意识形态理论，他认为，任何集团的思想，包括他自己的思想，都是意识形态性的，某集团在某种背景下能够比其他集团更好地理解社会现象，但这种理解永远是相对的。在知识社会学的影响下，出现了麦克·扬、伯恩斯坦、伊格莱斯顿的分析。伊格莱斯顿曾说："在一个社会中，什么被视为知识？什么不被视为知识？这个问题可以从学校的教科书中找到答案。因为学校的课程包含了社会认可的知识，以及蕴含于这些知识中的合法化的意识形态。"

知识社会学致力于那些被常人视为当然的知识的社会建构过程的分析，目的在于揭示知识背后隐藏着的意识形态问题以及权力和知识的共生关系。本研究以知识社会学的相关理论为指导，通过分析教科书中诗词内容的选择和解读，探寻知识的社会建构性，以及知识的社会建构性对学生与社会所产生的效应。

二、研究方法

（一）研究范式

课程社会学的研究有多种方法，但就研究范式而言，大致

---

❶ 吴康宁．课程社会学研究［M］．南京：江苏教育出版社，2004：35.

可分为社会事实范式和社会释义范式。❶ 社会事实范式将学校课程视为一种特定的社会事实，关注其结构与功能。这种范式最早可以追溯到涂尔干。在他看来，社会事实是外在于我们的、不以人的意志为转移的。可归为社会事实范式的理论主要有：功能主义、新马克思主义和结构主义。社会释义范式主要研究社会和置身于教育的人对知识与课程的解释、教育知识在课堂互动情景中的社会意义以及师生在教育情景中的行为及互动等。这种范式以综合欧美的知识社会学、符号互动论、人种志方法论等而形成的解释论为主要代表。❷ 两种范式都对知识进行探讨，将知识社会学作为研究课程视角点。

　　社会事实范式与社会释义范式有许多不同点。社会事实范式偏重于对作为"给定的"事实的课程进行研究，分析其结构与功能，而社会释义范式将课程知识视为是在教育过程中生成的。此外，社会事实范式偏重于客观层面的研究，研究处于社会系统中的课程的形成、结构和功能，而社会释义范式主要研究师生互动中知识的生成过程。在本研究中，将社会事实范式与社会释义范式相结合。首先，从社会释义范式出发研究教科书中的知识，将知识不再视为"既存的"社会事实，而将其视为是"生成的"社会现象。教科书中知识的选择有其历史和社会背景，通过对教科书内容的分析，试图追寻出知识内容的社会影响因素。其次，从社会事实范式出发进行研究。根据结构功能主义的观点，教育是社会的一个系统，对社会发展发挥着

---

❶ 乔治·列索. 社会学理论的范式分析 [J]. 社会学（中国人民大学复印报刊资料），1990（3）.

❷ 南京师范大学"课程的社会学研究"课题组. 课程的社会学研究简论 [J]. 教育研究，1997（9）：28－29.

作用。课程服务于社会需要，确保青年一代接受成人社会的文化，教育就是促进学生社会化的过程。因此，从社会事实范式出发研究教科书内容，分析以这种经过社会建构的知识对学生进行的教育对于社会结构与社会运转所产生的作用。社会释义范式更多被运用于对课堂知识互动过程的研究，探讨知识的生成性，而本研究中偏重于对已经被"生成"的教科书内容进行静态的分析，因此，本研究以社会事实范式为主要研究范式，辅之以社会释义范式，探讨知识的社会建构性，以及被建构的知识教育在社会结构中发挥的重要作用。

（二）具体研究方法

1. 文献研究

通过对以往文献的研究、分析，对研究问题进行深入探究，既能了解已有研究成果，又能为本研究提供分析视角。本书文献研究主要集中在课程社会学的理论分析、教科书文本研究等方面。通过具体全面的文献研究工作，能获得的启示主要有：第一，能掌握教科书文本分析的理论基础与基本研究范式，为本研究的开展打下基础；第二，能较全面了解已有的教科书内容分析的主要分析角度与研究结论，既证明了本研究的可能性，也避免了研究的重复性。本研究正是在借鉴已有研究成果的基础上，尝试对诗歌这一被以往研究所忽略的对象进行研究。本研究主要从课程内容的社会学分析，以及对诗词的研究这两方面进行文献研究。

首先，对课程内容的研究已经取得了很多成果，但也存在值得继续深入研究之处。课程社会学的研究启发人们从社会学视角审视课课程内容，认识到课程内容的价值选择性，认识到作为法定知识的课程内容是社会控制的中介。以课程社会学理论为依据，对教科书内容的深入分析，更以实际的案例阐明了课程内容的价值选择性。尤其是对大陆语文教科书以及港台教科书与大陆教科书的比较分析，更揭示出了语文教科书内容背后所隐藏的政治价值取向与道德价值取向的特征。然而，对语文教科书仍有值得进一步研究之处。首先，国内现有的教科书研究，对文本进行数量统计与分析，区分了许多类目，但仅仅限于各种类目的分类与统计，较少深入剖析知识深度的意义。也就是说，研究者虽然意识到教科书是被作为社会控制的中介，但缺乏详尽的社会控制意涵分析。其次，现有研究对语文教科书中的多篇课文进行分析，研究能反映出语文教科书的全貌，但对某一种文体缺乏单独深入的分析。第三，现有研究深入分析了语文课程标准与教科书，但却鲜有对教师教学用书的分析。教科书的价值取向面貌已经较完整的展现出来，但教师教学用书价值取向性如何？教学用书与教科书之间的紧密联结的特点及意义何在？目前，人们对这些问题尚缺乏深入分析。

其次，对诗词教育的研究主要侧重于从实践层面研究诗词教育的内容与方法，研究者多为一线教师或关注教学实践者。研究内容主要包括：第一，对诗词情感教学的研究。例如，研究者分析中学教科书中诗词情感的类型——爱国情、爱情、亲情、友情、故乡情、山水田园情等，提出教师教学应是情感的投入，应培养学生美的情感，塑造学生美的心灵。❶ 第二，对诗词审美教学的研究。例如，有研究者提出应在诗歌教学中实

---

❶ 郑雪. 高中语文古典诗词情感教学的研究［D］. 桂林：广西师范大学，2006.

施审美教育，其教学操作的策略有：反复朗读吟诵，感受诗歌中的音乐美；展开联想与想象，赏析诗歌中的图画美；精心咬文嚼字，体会诗歌中的语言美；深入探索品味，挖掘诗歌中的意象美；整体感知体会，领悟诗歌中的意境美；发挥主体功能，评价诗歌中的真善美。❶ 第三，对诗词教育诗意的探索。例如，有研究者认为，诗意是诗歌的基本特质，也应该是高中语文诗歌教学中应有的气息。但受到语文教学评价机制的影响，诗歌在高中语文教学中被简化了，蜕变成单纯的语言分析和知识默写的材料，诗意被放逐。理想的诗歌教学包括三大策略：教师人格策略、课堂教学策略和尊重学生主体策略。❷ 第四，在教育教学一线工作的教师，更多地关注于分析诗词的内涵，思考如何在诗词教育中以诗词中的优秀思想教育学生。因此，对诗词内涵及诗词道德教化功能的研究是诗词教育研究的重点。例如，有教师研究了诗教的德育功能，提出要利用诗词对学生进行品德教育，使学生在艺术的熏陶中，潜移默化地接受诗人们的思想观点和道德影响。研究者进一步指出，古典诗词是我国独有的德育宝藏，要认真挖掘、整理它的思想与道德内涵，使诗教成为德育的一种重要手段。❸ 总之，对诗词教育的研究偏重于对诗词教育教学技巧方面，这些研究对于指导教师进行诗词教育有重要意义。但这些研究较少涉及对诗词教育

---

❶ 於爱萍. 中学语文诗歌教学的缺失与审美回归 ［D］. 南京：南京师范大学，2004.

❷ 袁爱群. 从诗意的"放逐"到诗意的"回归"［D］. 上海：华东师范大学，2005.

❸ 孙德旭，曲奎国，姜爱玲. "诗教"的德育功能及其实施 ［J］. 山东教育科研，1996（4）：54－55.

的本质的分析理解，缺少对诗词教育的反思性分析。

在吸收以往研究成果的基础之上，本书试图对课程内容的社会控制功能作进一步研究，研究特点主要在于：首先，深化对教科书内容作为社会控制中介的研究。已有的从教育社会学视角对语文教科书的研究中，没有系统地对诗词进行分析。不仅如此，人们对教科书的社会学分析还常常忽略了诗词分析。本研究对诗词进行深入、系统分析，并以社会控制为分析为主线探讨诗词教育所蕴藏的社会控制功能，既使社会控制问题得到深入阐释，又改变诗词常被研究者忽视的状况。其次，因为诗词给予人们广阔的解读空间，因此本书将试图在分析教科书内容之外，探讨教师教学用书中的诗词解读与社会控制。从社会控制角度分析教师教学用书，以便能启发人们在关注教科书之外，发现教师教学用书编制的价值取向。第三，从新的视角研究诗词。与文学、哲学等领域对诗词的研究不同，在教育领域中，诗词的研究者主要是教师。教师的研究主要局限于技术层面，即如何在教学过程中采取各种策略达到诗词教学的良好效果。本研究主要是将诗词作为法定的知识，探寻诗词选择与解读中的社会要求。相比于教育领域从技术层面进行诗词研究而言，本研究关注文本的社会意义。

2. 文本分析

"文本即是关于人类思想和行为的可重新获取的信息。文本无处不在。不仅仅我们日常所见的书、杂志和报纸是文本，日记、财产交易或转让细目、厨房、信件、抒情歌词、户外广告牌等也都是文本，它们中都包含有人类文明社会考古学意义上的残余物。从更广泛的意义上讲，一切人造物品（如衣物、建筑、计算机程序）和图像（如电视广告、电影、家庭影集）

以及人类行为和事件都是文本……文本分析即对上述文本的解读，探寻其中蕴含的人类行为和思想的信息。它不是指某种单一的分析方法。其主要的传统包括阐释学、叙事分析、话语分析、扎根理论方法和内容分析"。● 在本书中，"文本"指的是学校教育中的教科书及与教科书相配套的教师教学指导用书。

本书的文本分析对象是，20 世纪 80 年代以来，人民教育出版社出版的四套语文教科书中的诗词内容，以及与这四套教科书相配套出版的教师教学用书中的诗词解读（本研究只分析中国诗词，而不分析外国诗歌）。本研究试图通过对文本的解读来探寻诗词选择与解读同社会主流意识形态的关系，以及语文教育所具有的社会控制功能。具体而言，文本分析主要涉及：诗词主题、诗词数量、诗风、解读内容、解读方式等方面。文本分析对象为：

（1）分析人民教育出版社出版的四套语文教科书：1981年版、1987 年版、2000 年版与实验版。这四套语文教科书出版时间具体如表 1－1 所示。

表 1－1　人民教育出版社四套语文教科书出版时间

		1981 年版	1987 年版①	2000 年版②	实验版③
高中	第一册	1981 年	无诗歌④	2003 年	2004 年⑤
	第二册	1984 年	无诗歌	无诗歌	2004 年
	第三册	1981 年	无诗歌	2004 年	2004 年
	第四册	1985 年	1995 年	无诗歌	2004 年
	第五册	1984 年	1995 年	2002 年	无诗歌
	第六册	1985 年	1995 年	无诗歌	无第六册

● Bernard, H. Russell. Social Research Methods: Qualitative and Quantitative Approaches [M]. California: Sage Publications Inc, 2000: 439.

续表

		1981 年版	1987 年版①	2000 年版②	实验版③
初中	第一册	1981 年	1987 年	2001 年	2001 年⑥
	第二册	1982 年	1988 年	2001 年	2001 年
	第三册	1981 年	1987 年	2001 年	2001 年
	第四册	1982 年	1988 年	2001 年	2002 年
	第五册	1982 年	1987 年	2001 年	2003 年
	第六册	1984 年	无诗歌	2002 年	2003 年

注：①1987 年版高中教科书于 1995 年修订，本研究将修订后的版本作为研究对象。因初中教科书并未修订，因而本研究中初中教科书仍为 1987 年版。为研究方便，在称呼上统称为1987 年版。

②2000 年版高中教科书于 2002～2004 年修订，本研究将修订后的版本作为研究对象。因初中教科书并未修订，因而本研究中初中教科书仍为 2000 年版。为研究方便，在称呼上统称为 2000 年版。

③指普通高中/初中课程标准实验教科书，在本研究中简称"实验版"。

④该册教科书没有诗歌，因而不作分析。在表格中注明为"无诗歌"，下同。

⑤实验版高中教科书共 5 册，命名为必修 1～5。为列表方便，此处仍按照其对应的高中第 1～5 顺序排列。

⑥实验版教科书的七、八、九年级，相当于初中一、二、三年级，教科书被命名为七年级（上、下册）、八年级（上、下册）、九年级（上、下册）。为列表方便，此处仍按照其对应的初中第 1～6 册排列。

　　从 1978 年以来，初中与高中语文教科书经过多次编制与修订。之所以选择以上四套教科书作为文本分析对象，原因在于：它们是使用时间比较长、使用范围比较广的教科书，因而具有较好的代表性。这四套教科书出版的时间跨度从 20 世纪80 年代至今。分析这四套教科书，能揭示出 20 多年来，教科书内容的稳定性与变化性，并透过教科书了解社会发展变化与文化变迁。

　　（2）文本分析的对象，除了这四套教科书外，还有与这四

15

套教科书配套出版的教师教学指导用书。❶ 在本研究中，对每册教科书的诗歌进行统计分析，但并不详细对每一册教师教学用书进行详细分析，原因在于：通过对教师教学用书的初步对比阅读可发现，四套教师教学用书内容变动不大。对于相同的诗词，这四套教师教学用书在解读的内容、解读重点与解读方式等方面具有很大的相似性甚至完全相同。因此，在本书中，根据研究需要，选择有代表性的文本作为分析对象。由于四套教师教学用书在许多内容上的相似性与相同性，以某些代表性文本作为论据能较好地反映研究对象的总体面貌，也能较好地论证本研究的论点。

3. 历史研究

任何社会问题都不是孤立的，而是有其产生的历史背景和发生发展的过程。"历史研究法，乃是检视历史上的事实，也就是叙述与分析过去所发生的事件或活动的方法。它着重于人类过去种种有意义活动或重要事件的记载、描述、了解及解释，并强调用批判的精神，来探究过去事件或事件组合的意义，以发现究竟在过去发生了什么，进而对于人类的行为和思维有较广度的了解"。❷ 本书对 20 多年来的四套语文教科进行纵向的历史研究。通过分析过去的教科书内容及其与现在正使用的教科书内容之间的异同，呈现出教科书内容选择的发展变化全貌，展示从过去到现在的发展轨迹，探寻这 20 多年来，社会各方面的发展变迁对教科书内容选择的影响，以及利用这

---

❶ 教师教学指导用书也简称教参，在本研究中统称为教师教学用书。

❷ 中正大学教育学研究所．教育学研究方法 ［M］．高雄：丽文文化事业公司，2001：285－313.

些内容进行的教育活动对社会所产生的影响。

4. 比较研究

"有比较，才有鉴别；有鉴别，才能有认识。教育科学研究方法中，只有对经验事实材料进行比较分析研究，进而通过分析综合、归纳演绎、分类类比，才能揭示教育的本质规律……教育科学的比较研究是对某类教育现象在不同时期、不同地点、不同情况下的不同表现进行比较分析，以揭示教育的普遍规律及其特殊表现，从而得出符合客观实际的结论"。❶本书既采取纵向比较研究，也采用横向比较研究。对人民教育出版社四套语文教科书中的诗词内容进行纵向比较研究，分析语文教科书发生了什么变化，探讨其稳定性与发展性。

此外，本书还对我国台湾地区"国立"编译馆编写的"国文"教科书进行比较分析。"台湾中小学教科书的编写，隶属于'国立'编译馆中小学教科书组的工作业务。教科书尚未对民营开放之前，中、小学教科书的编写、审查、调查、分析等工作，都是由这一单位负责。教科书开放民营后，'国立'编译馆退出教科书的编写，只负责审查工作"。❷ 高中与"国中"❸"国文"教科书分别于 1999 年和 2002 年开放民营，由民间业者邀集专家学者从事编撰，而再由"教育部"审查，亦即教科书民营化，一般称为"审定本"或"民营本"。本书仅以开放民营之前"国立"编译馆所编写的几套"部编本""国

---

❶ 裴娣娜. 教育研究方法导论［M］. 合肥：安徽教育出版社，1994：223.

❷ 蔡美惠. 台湾中学国文教学研究［M］. 广州：广东教育出版社，2006：52.

❸ "国民中学"简称为"国中"，相当于大陆的初中。本书中使用"国中"，保留我国台湾地区的惯用称呼。

文"教科书为例,探讨我国台湾地区教科书诗词选择所带来的
启迪。这一分析主要包括两方面:第一,对人民教育出版社语
文教科书与我国台湾地区"国立"编译馆编写的"国文"教
科书中的诗词教育文本进行横向比较研究;第二,对我国台湾
地区"国文"教科书进行纵向比较研究。通过比较,分析我国
台湾地区"国文"教科书诗词选择的发展变化特点,以及海峡
两岸在诗词教育内容的选择与解读方面的不同之处,以我国台
湾地区的诗词教育文本编制的值得借鉴之处,为大陆诗词教育
文本的改革提供一些参考。具体而言,本研究所分析的我国台
湾地区"国立"编译馆编写的教科书具体出版时间如表1-2
所示。

表1-2　我国台湾地区"国立"编译馆编写的"国文"教科书出版时间

		1983 年版	1994 年版	2000 年版
高中	第一册	1984 年	1994 年	—
	第二册	1985 年	1995 年	—
	第三册	1984 年	1995 年	—
	第四册	1985 年	1996 年	—
	第五册	1984 年	1996 年	—
	第六册	1985 年	1997 年	—
"国中"	第一册	1983 年	1994 年	2000 年
	第二册	1984 年	1995 年	2001 年
	第三册	1984 年	1994 年	2000 年
	第四册	1985 年	1995 年	2001 年
	第五册	1984 年	1994 年	2000 年
	第六册	1984 年	1995 年	2001 年

　　需说明的是,由于我国台湾地区高中"国文"教科书于
1999 年开放民营,而"国中""国文"教科书于 2002 年才开

放民营，所以上表"2000 年版"中，只有"国中"教科书而没有高中教科书，正是因为"国立"编译馆已经退出教科书编写。根据教科书内容的特点，本研究将对 1983、1994 年版"国中"与高中"国文"教科书中的古典诗词进行分析，对 1983、1994、2000 年版"国中""国文"教科书中的新诗进行分析。

第三节 研究假设与研究价值

一、研究假设与核心概念

（一）研究假设

"伊格莱斯顿曾经将课程与社会控制的问题分为两个层面，一是'社会对课程的控制'（curriculum control)，二是'通过课程而实现的社会控制'（the control through the curriculum)。'社会对课程的控制'的成功标志是符合社会主流价值取向的课程最终编制成形，'通过课程实现的控制'的成功标志则是课程知识最终被学生内化为其文化结构的有机成分"。❶

本书的基本假设是：（1）语文教科书的诗词内容选择以及教师教学用书的诗词解读，是价值选择与价值赋予的结果，体现了社会对课程的控制，反映了社会统治阶层的意图和要求；（2）以这些诗词文本对学生进行教育，目的在于使学生的思想发展符合社会主流价值取向。通过以诗词教育为代表的经典

❶ 吴康宁. 简论课程社会学研究的功用 [J]. 课程·教材·教法，2000（11)：18.

19

文学教育，能实现社会统治阶层的社会控制目的。

（二）核心概念

1. 社会控制

社会控制这个概念的发展和使用的主要动力来自对达尔文主义传统的社会学继承。达尔文主义认为在生物体与自然之间存在不协调，而社会控制理论认为在个人与社会之间存在不协调。因此，社会控制理论认为，社会必须控制人类的动物本性，这样才能建立和维持秩序。必须通过学习或选择，或者这两种方法都使用，来限制人们在追求个人利益时所发生的斗争。由此看来，社会控制原意指社会必须控制人的动物本性，限制人们发生不利于社会的行为。

"社会控制"概念的流行主要归于罗斯。罗斯认为，同情心、友善、正义感和怨愤能靠它们自身产生一个纯粹的自然秩序，但这远远还不够，社会控制是必要的。社会控制是一种有意识、有目的的社会统治。社会控制的手段有舆论、法律、信仰、生活暗示、教育、宗教、礼仪、艺术、人格等。可以看出，罗斯将社会控制分成三类：（1）对于意志的控制，如暗示、教育等是用直接的方法影响社会成员的意志，法律、宗教等是用赏罚的方法影响社会成员的意志；（2）对于情感的社会控制，如用个人理想、礼节、人格等控制社会成员的情感；（3）对于判断的社会控制，如用启发、社会评价等方式控制社会成员的判断。❶

在社会学研究中，社会控制的含义也分为广义与狭义两

---

❶ 罗斯·E.A, 著. 社会控制 [M]. 秦志勇, 毛永政, 译. 北京: 华夏出版社, 1989: 12–15.

种，"广义的社会控制指人们依社会力量，以一定方式对社会生活各方面施加影响，协调社会各部分之间的关系，协调个人与社会的关系，以保持社会的相对稳定及和谐发展的手段和过程。狭义的社会控制指社会对犯罪行为及越轨行为的预防、阻止及处置的措施和过程"。❶ 社会学研究中一般在广义上使用社会控制这一概念。社会控制的手段主要有法律、行政、风俗、宗教、艺术、舆论等。按照不同的标准，可以将社会控制分为不同的类型：（1）正式控制（如政权、法律、纪律、各种社会制度、社会中有组织的宗教）和非正式控制（如风俗、习惯）；（2）积极控制（如奖状、奖金、奖章、记功、晋升）和消极控制（如记过、开除、降级、判刑）；（3）硬控制（如政权、法律、纪律）和软控制（如社会风俗、道德、信仰和信念）；（4）外在控制和内在控制等类型。因此，从社会学角度而言，社会控制就是对社会成员（包括社会个体、社会群体及社会组织）的社会行为及价值观念进行指导和约束，对各类社会关系进行调节和制约，使社会呈现有序化的过程，社会控制不仅包括作为政治统治的社会控制，还包括作为社会约束的社会控制。社会控制的目标是社会秩序，这一目标系统有三个层次：社会的稳定、有序和发展。社会稳定是基础，在此基础上实现社会的有序运转，并促成社会的不断发展。

社会哲学领域从控制主体的角度将社会控制分为两种主要形式：主体性社会控制与制度性社会控制。"前者的社会控制主体是社会的主体性存在，即社会中的人；后者的社会控制主体是社会的制度化存在，它是'人'这一主体被隐含或'不

❶ 王康. 社会学辞典［M］. 济南：山东人民出版社，1988：258.

在场'条件下的社会控制，人将控制机制中的'目的'通过规范性的制度予以体现和保证"。[1] 主体性控制和制度性社会控制都是自觉的社会控制。社会中的制度化存在是社会主体构建的结果，又以社会控制主体的存在来保证制度的社会控制功能，因此，制度性社会控制无处不隐藏着人的自觉的目的性，是自觉的社会控制。

从社会学与社会哲学领域对社会控制的分析来看，教育作为规范化、制度性的存在，隐藏着人的自觉的目的性，是一种制度性社会控制。教育领域的社会控制是指依据一定的理想、目标、价值和利益等，对学生的价值观与社会行为进行引导，使学生的发展朝向与社会统治阶层的期望相一致的方向，从而使社会发展稳定而有序，现有社会秩序得到维护和发展。社会控制不是一个消极的、矫正性概念，而是社会结构与社会功能视角的概念。教育活动中的诗词经典教育不仅仅是文学教育，还影响着学生群体的意识与思想，进而对于社会意识形态的形成与维护具有重要作用。因而，从社会学视角出发可以看出，诗词经典教育具有社会控制的功能。

2. 群体性记忆与想象

诗词是想象的表现，记诵是诗词教育的常用方法之一。通过诗词教育，学生形成了对诗词的记忆并发展了一定的想象能力。群体性记忆与想象，即是指受教育者作为一个群体，经过接受诗词教育而形成的某些共有记忆与想象。从表面现象而言，班级教学传授统一的知识内容给学生，使学生群体形成共

---

❶ 何怀远，田又中. 社会哲学视野中的社会控制 [J]. 哲学研究，2000 (1)：75.

有的记忆与想象是教育所应有之意。但从更深层次进行反思，固定的记忆内容与想象空间、群体性的意识与无意识，关乎的不仅仅是教育活动本身，还关系着社会的运行。因此，本研究中的"群体性记忆与想象"，是从社会系统运转的视角提出的概念，它在实质上指被规训的集体意识与集体无意识。群体性记忆与想象的形成，意味着附着于教育内容之中的价值观在学生中被普遍地接受、认同甚至内化。社会主流价值观的传承，从意识形态角度而言对于社会稳定发展具有重要意义。因而，群体性记忆与想象的形成与深化，与社会控制密不可分，是社会控制效果的现实表现。

　　"文本"也是本书的核心概念，在"研究方法"部分已经阐释了文本的内涵以及本书所要分析的具体文本范围。此外，"教科书""经典化""价值选择""价值赋予""诗意"等概念也是本书的核心概念。为论述方便起见，这些概念将在本研究的相关章节中分别予以界定。这些核心概念串连起了本研究的基本内容：教科书是保存与传递经典的载体，教科书内容是价值选择与价值赋予的结果。通过经典教育，使学生形成群体性记忆与想象，教育也由此发挥了社会控制的功能。

二、研究价值

（一）理论价值

　　首先，本书对于课程社会学的理论有一定的丰富和拓展。这主要表现在两方面：一方面，对研究对象的深入分析。本研究对语文教科书中的诗词这种单一的文体进行分析，相比已有研究对于教科书所进行的"面"的研究而言，本书是在诗词这一"点"上进行深入挖掘，因而分析的深度较之以往更深入。

另一方面，对研究主旨的深化。课程社会学理论中谈到了课程是社会控制的中介，但对"社会控制"的深入分析略显单薄。本研究明确以社会控制作为研究主旨，围绕社会控制这个核心概念，深入剖析诗词内容和诗词解读如何反映了社会对教科书的控制，而通过教科书又如何达致对社会的控制，如何评价诗词教育文本所具有的社会控制功能，如何改进诗词教育等。通过抽丝剥茧的深入分析，将诗词教育的社会控制功能具体呈现出来，并引发人们深入思考。因此，本书在研究对象和研究主旨方面的深入，能在一定程度上丰富课程社会学的理论。其次，本书从教育社会学视角研究诗词，丰富了对诗词的研究。相比于学者从哲学、文学等视角，以及教师从技艺角度研究诗词而言，本书转换视角，研究作为教育内容的诗词的价值选择性，试图揭示出诗词在审美与情感传达之外的思想、价值传达功能，并对这一功能进行审视与反思。这可以在一定程度上丰富诗词研究视角。

（二）实践价值

首先，从社会控制角度研究诗词教育文本的选择，为教科书及教师教学用书的编制者提供社会学视野。如若能使编者增强对教育文本选择的反思，则更有可能促进他们在编制教育文本的过程中，使教育文本更符合教育本质与教育活动的需要，拓展与提升教育活动所培养的人的品质。其次，对诗词教育文本的社会控制功能的揭示，能为教师课堂教学提供一些启示。从法定的文本到学生所接受的文本，教师的课堂解读是重要"桥梁"。因此，教师在很大程度上决定了法定的文本在多大程度上能成为教育内容，也决定了学生能接受到什么教育内容以及如何理解教育内容。揭示出诗词文本所附载的深刻内涵，以及诗词教育所发挥的社会控制功能，将能促使教师反思教育内容及其教学实践。教师是教育改革理念的践行者，只有使教师明了当前教育中需要改进的方面，以及改革的理念和方向，才能使教育活动取得成效。因此，诗词教育真正实现卸重，重要的践行者是教师。而本书就期待能在一定程度上启发教师进行反思，并促使教师改进教育教学实践。

第二章 诗词教育的阅读文本与社会控制

    学校教育中，作为学习内容而被学生阅读到的诗词主要来源于教科书。"教科书是根据'课程目标'编撰而成的一种系列文本"。❶ 现行中小学教科书是经过国家审定通过的、供师生教与学的蓝本。这一特点使得教科书具有作为官方文本的法定权威地位。教师所教授的、学生所学习的是几乎不容置疑的权威性内容。教育过程是知识授受的过程，是法定知识传递的过程。教科书中的内容，既是法定的知识，亦是传播非常广泛的知识。知识的海洋是浩瀚的，而教科书内容是有限的，只有部分知识能被选入教科书，成为学生的学习对象。哪些知识能被选入教科书，受多种因素影响，而其中重要因素之一在于对知识价值的认定。也就是说，只有被视为是有价值的、值得传递给学生的知识，才能被选入教科书。诗词是语文教科书中的重要内容，浩如烟海的诗作与词作中，哪些诗词能被选择作为教育内容呢？

    中华古典诗词源远流长，最早记载的诗词可以从周代《诗》开始，直至清代，数不胜数的诗人与词人创作了无数的作品。以唐宋为例，唐代是中国诗歌发展的全面繁荣时期，"修纂于清康熙年间的《全唐诗》分 900 卷，共收诗歌 48 900 余首。其实这也只是原来唐诗的一部分，有许多因为年代久远和保存不善，散佚消失了……《全唐诗》共收录诗歌作者

---

❶ 吴康宁. "课程内容"的社会学释义 [J]. 教育评论，2000（5）：20.

2 200余人……宋代陆游的诗词作品光是他自己收入诗集《剑南诗稿》的就有9 300多首"。❶ "据唐圭璋所辑《全宋词》的统计,现存作品(不包括残篇、附篇)有19 900首。收录的作家(不包括无名氏)有1 331人之多"。❷ 由此可见古典诗词之繁多。"五四"新文化运动推动着文学革命,也推动着诗词创作从古典诗词向新诗转变。从《新青年》于1917年2月公开发表第一批白话新诗,到1921年左右,白话新诗即取代了古典诗词在中国诗坛的地位。从白话新诗的产生到现当代,新诗作品源源不断地产生。当代新诗创作涌现出了众多流派,留存下许多诗作。在这浩瀚的诗词作品中,哪些诗词能得到编者的认可而被挑选出来成为教科书的内容?因此,本章主要分析:哪些古典诗词与新诗被选择编入教科书而成为学校教育的内容;诗词选择的特点是什么;利用这些诗词进行教育能达到什么效果,实现什么目的。

第一节　教科书中古典诗词的选择

一、诗词数量分析

人民教育出版社四套语文教科书共选择了古典诗词100多首❸,涉及诗人/词人共50多人(不包括一些诗词作者已无从可考者,如《诗经》、古诗十九首、南北朝民歌的作者等)。

---

❶ 丁启阵. 诗歌与人生 [M]. 北京:东方出版社,2005:82.
❷ 周笃文. 宋词 [M]. 上海:上海古籍出版社,1980:29.
❸ 同一作品在多个版本中重复出现只作一次计数。

相比于历史上数以万计的诗词和诗人/词人这一数量而言，教科书中涉及的诗词和诗人/词人数量实在是微乎其微。这种选择必然涉及对诗人/词人及其诗词的多方面评价，从而判定哪些诗词更具有教育价值和意义。这就是一个价值选择的过程。

表 2-1　人民教育出版社四套语文教科书中的古典诗词篇目及入选次数

作者	诗词名称	篇数	次数
杜甫	《江畔独步寻花》《春夜喜雨》《石壕吏》《闻官军收河南河北》《茅屋为秋风所破歌》《登岳阳楼》《兵车行》《望岳》《春望》《登高》《蜀相》《秋兴八首（其一）》《咏怀古迹（其三）》《江南逢李龟年》《客至》《旅夜书怀》《阁夜》	17	30
李白	《静夜思》《秋浦歌》《望天门山》《送友人》《梦游天姥吟留别》《行路难（其一）》《闻王昌龄左迁龙标遥有此寄》《渡荆门送别》《宣州谢脁楼饯别校书叔云》《蜀道难》《将进酒》	11	19
苏轼	《浣溪沙（山下兰芽短浸溪）》《念奴娇·赤壁怀古》《水调歌头（明月几时有）》《惠崇〈春江晚景〉》《江城子·密州出猎》《定风波（莫听穿林打叶声）》	6	13
王维	《送元二使安西》《观猎》《使至塞上》《汉江临眺》《山居秋暝》《鸟鸣涧》	6	8
辛弃疾	《西江月（明月别枝惊鹊）》《清平乐·村居》《永遇乐·京口北固亭怀古》《破阵子·为陈同甫赋壮词以寄之》《水龙吟·登建康赏心亭》	5	13
白居易	《卖炭翁》《忆江南》《钱塘湖春行》《琵琶行（并序）》《观刈麦》	5	11
陶渊明	《归园田居（其一）》《归园田居（其三）》《饮酒（其五）》《归园田居（其二）》	4	10
李清照	《如梦令（常记溪亭日暮）》《醉花阴（薄雾浓云愁永昼）》《声声慢（寻寻觅觅）》《武陵春·春晚》	4	8
李商隐	《无题》《夜雨寄北》《锦瑟》《马嵬（其二）》	4	5
曹操	《观沧海》《龟虽寿》《短歌行》	3	6
陆游	《十一月四日风雨大作》《游山西村》《书愤》	3	6
杜牧	《江南春绝句》《泊秦淮》《赤壁》	3	5
刘禹锡	《酬乐天扬州初逢席上见赠》《秋词》《石头城》	3	4

　　注：按同一作者的被选入教科书诗词篇数降序排列。当诗词篇数相同时，以出现次数降序排列。同一作者的作品被选入教科书篇数少于 3 首则不列入此表格中。

从教科书中的诗人/词人及其诗词数量来看，教科书中涉及 50 多位诗人/词人及 100 多首诗词，诗词选择具有一定的广泛性和丰富性。但不应忽视的是，有 38 位诗人/词人都只有一首诗/词被选入教科书，且这 38 首诗词只在某一个版本的教科书中出现一次，就没有再被选入，犹如一现的昙花。相比这 38 位诗人/词人及其诗词在教科书中的"命运"而言，从表 2-1 可以看出，杜甫、李白诗歌被选入教科书的数量远远超过其他诗人/词人，而且，他们的诗歌在这四套教科书中多次出现。教科书对杜甫、李白的重视与诗词史上对他们地位的评价是相一致的。对李杜诗词的偏好，能在很大程度上展现中国诗词的艺术魅力与中国文人的精神气度。但是，以上表格还反映出一些重要特点不容忽视。

第一，杜甫与李白在教科书中"地位"存在细微差别。对教科书中杜甫与李白的诗歌选择情况进行细致比较可以发现，杜甫诗歌为 17 首，它们在四套教科书中共出现了 30 次。李白诗歌为 11 首，在四套教科书中共出现了 19 次。杜甫诗篇的数量及其在教科书中出现的次数，略多于李白。这只是比较细微的差别，但相对于教科书中并不庞大的诗人及诗词数量而言，这细微的差别也体现了编者对李、杜诗篇的价值认定上存在一定差异。杜甫诗歌以现实主义著称，许多诗歌反映了诗人忧国忧民的心情；李白诗歌以浪漫主义著称，放浪不羁而非沉郁。在李、杜之间，教科书的选择略倾向于杜甫，体现了对现实主义的关注，对杜甫忧民思想之偏好。

第二，王维在教科书中的"地位"不高。教科书中所选择王维诗歌的数量（6 篇）少于杜甫（17 篇）、李白（11 篇）。王维诗歌在这四套教科书中出现次数（8 次）少于杜甫（30

次）、李白（19 次）、苏轼（13 次）、辛弃疾（13 次）、白居易（11 次）、陶渊明（10 次）诗词入选的次数。通过比较可以看出，在教科书中，王维地位不仅远远低于被誉为"诗圣""诗仙"的杜甫、李白，而且还低于其他几位著名的诗人/词人。然而，王维在诗词发展史与接受史上，并不是必然处于这种地位。对王维在诗歌史上的地位略作一番考察，就不难发现，王维在盛唐的地位高于李白、杜甫。王维诗歌，尤其是山水诗，崇尚自然，虚静空灵，他亲和山水，诗中融合禅意。王维在盛唐乃至中唐初期，具有"天下文宗"的地位，代宗皇帝批答手敕："（维）天下文宗，位历先朝，名高希代。抗行周雅，长揖楚辞。调六气于终编，正五音于逸韵。泉飞藻思，云散襟情。诗家者流，时论归美。诵于人口，久郁文房……"❶闻一多先生说过这样的话："王维替中国诗定下了地道的中国诗的传统，后代的中国人对诗的观念大半以此为标准，即调理性情，竟尚自然，其长处短处都在这里。"❷王维在盛唐的地位高于李白、杜甫，其诗歌是盛唐的代表。在唐人选唐诗的10 余种选本里，王维诗歌远远多于李白、杜甫。"盛唐的主流趣味和'典型代表'不是李白和杜甫，而是王维和孟浩然，是隐逸和休闲的主题，是对山水田园热切向往的回归冲动，是兴象玲珑、清远空灵的诗风"。❸晚唐之后，李、杜诗词成为主流，王维成为边缘，因为晚唐社会动乱，人们只有在盛世才更崇尚闲情。由此看来，王维诗歌是从"盛唐之音"的地位而逐

---

❶ 赵殿成. 王右丞集笺注［M］. 上海：上海古籍出版社，1984：494 - 495.

❷ 郑临川. 闻一多先生说唐诗（下）［J］. 社会科学辑刊，1979（5）：143.

❸ 王志清. 诗学德本精神［M］. 济南：齐鲁书社，2007. 134.

渐被边缘化。当今，王维被人们称为"诗佛"，与"诗仙""诗圣"三足鼎立。王维诗歌尽管也有很高的文学价值，却往往不及"诗仙"与"诗圣"的地位，他被人们认可接受的程度较低。原因之一在于当今人们对此三者评价不一，认为"李白诗歌对黑暗现实尖锐鞭挞，对自由生活强烈追求，杜甫诗歌对祖国和人民有深沉的关爱和挚爱，使两人成为最伟大的诗人，达到封建时代诗词创作的最高峰……诗人（王维）对社会现实还是关心的，但其数量少，反映面不广，更重要的是思想感情的深度问题。诗人对丑恶现实的认识和理解，对它的揭露和鞭挞，毕竟还不深刻，不能与李白、杜甫的诗篇相比"。❶因此，思想性是否深刻，成为决定杜甫、李白、王维地位高低的重要因素。也许人们会说，教科书中只不过是沿用了传统的、主流的评价标准。但是，教科书中王维诗歌篇目及其出现次数远远少于李、杜诗歌的现象，正表明了教科书中的知识是价值筛选的结果，而且，知识选择过程中，不仅仅是继承、延续了传统的筛选标准——思想性，而且也在维护这种选择标准的重要性。也就是说，知识选择的思想性标准，很大程度上高于其文艺性标准。以具有深刻思想内涵的诗词对学生进行教育，才被视为是积极的和有效的。

第三，对诗人/词人的诗词在四套教科书中出现的总次数进行比较可以发现，排列在前几位的是杜甫（30 次）、李白（19 次）、苏轼（13 次），辛弃疾（13 次）、白居易（11 次），他们的诗词被选入教科书的数量及在教科书中出现的次数都多于其他诗人/词人。他们多为现实主义诗人，具有强烈的爱国

---

❶ 转引自王志清. 诗学德本精神 ［M］. 济南：齐鲁书社，2007：144.

之心与忧国忧民的情怀。例如：《石壕吏》《茅屋为秋风所破歌》《春望》《梦游天姥吟留别》《念奴娇·赤壁怀古》《永遇乐·京口北固亭怀古》《破阵子·为陈同甫赋壮词以寄之》《卖炭翁》《琵琶行（并序）》等都表达了诗人/词人兼济天下的情感，他们或忧民生之艰难，或痛斥统治之腐朽，或感慨其报国壮志未酬。限于篇幅，以下仅列举两首诗词，从这里可以看出诗人/词人对烽火连天岁月的忧心，对报国壮志未酬的感慨。

春　望*

杜甫

国破山河在，城春草木深。感时花溅泪，恨别鸟惊心。烽火连三月，家书抵万金。白头搔更短，浑欲不胜簪。

破阵子·为陈同甫赋壮词以寄之**

辛弃疾

醉里挑灯看剑，梦回吹角连营。八百里分麾下炙，五十弦翻塞外声。沙场秋点兵。

马作的卢飞快，弓如霹雳弦惊。了却君王天下事，赢得生前身后名。可怜白发生！

---

  *《春望》被选入语文教科书：初中（第三册）（1996 年版）、高中（第三册）（2000 年版）、八年级（上册）（实验版）。

  **《破阵子·为陈同甫赋壮词以寄之》被选入语文教科书：高中（第六册）（1981 年版）、初中（第六册）（2000 年版）、九年级（上册）（实验版）。

　　第四，教科书中的词人少于诗人，词也少于诗歌。对词人及词作的入选情况具体分析可以看出，教科书中较多选择苏轼、辛弃疾的词，而李清照的词较少，且她的词在这四套教科书中出现的次数（8 次）也少于苏轼、辛弃疾词的出现次数（均为 13 次）。此外，柳永只有两首词被选入教科书（《雨霖铃（寒蝉凄切）》和《望海潮（东南形胜）》），它们的出现次数为 5 次（由于柳永只有两首词被选入教科书，所以未被列入表 1 – 2 中）。由此看来，教科书更倾向于豪放派的词，而非婉约派的词。在苏轼以前，词多为婉约风格，表达个人细腻丰富的内心情感，有"艳曲淫词""女郎词"一说。苏轼开词之豪放派先河，使词更有一种豪放、大气之风，词的内涵更关注社会生活，多表达社会情感，使词更具有了积极意义和深刻内涵。在对婉约词与豪放词的取舍上，教科书中更倾向于豪放之词，且所选择的词，多为对历史、社会统治的思考，对人生、抱负的豪情。这体现了一种以社会性情为主的选择倾向。列举两首教科书中选择的词，便可见端倪。

江城子·密州出猎[*]

苏轼

　　老夫聊发少年狂。左牵黄，右擎苍。锦帽貂裘，千骑卷平冈。为报倾城随太守，亲射虎，看孙郎。

　　酒酣胸胆尚开张。鬓微霜，又何妨。持节云中，何日遣冯唐。会挽雕弓如满月，西北望，射天狼。

---

　　[*]《江城子·密州出猎》被选入语文教科书：九年级（上册）（实验版）。

武陵春·春晚 *

李清照

　　风住尘香花已尽，日晚倦梳头。物是人非事事休，欲语泪先流。

　　闻说双溪春尚好，也拟泛轻舟。只恐双溪舴艋舟，载不动、许多愁。

二、诗词主题分析

　　中国传统有"诗言志"与"诗缘情而绮靡"之说。"志"与"情"之间并不是截然对立的，二者可以纳入"情感"这一较大范畴之中。诗词向来都表达着诗人/词人的某种感情，或关于爱情、亲情、友情，乃至家国之情，或是哀愁、幽怨、喜悦等。但人们对"志"与"情"作一定的区分是因为，所谓的"情感"，有关于家国之情、远大抱负、政治理想之"志"与关于个人愁苦喜怒、哀怨忧思之"情"。"志"与"情"的这种区别，在诗词中也有一定的表现，有的诗词关注社会、民生，表达个人投身社会之"志"，有的诗词关注个人内心的悲欢，表达个人在爱情、亲情、友情方面的"情"。入选教科书的诗词在表达"志"与"情"方面有不同偏重。诗词主题分析意在揭示：对诗词"志"与"情"的选择特点是什么？这种选择所能带来的意义何在？

---

　　* 《武陵春·春晚》被选入语文教科书九年级（上册）（实验版）。

表 2 – 2　人民教育出版社四套语文教科书中古典诗词的主题

诗词主题			诗词名称	数量	总计
景	自然风景		《江畔独步寻花》《春夜喜雨》《望岳》《望天门山》《忆江南》《钱塘湖春行》《惠崇〈春江晚景〉》《鸟鸣涧》《观猎》《汉江临眺》《观沧海》《秋词》《敕勒歌》《黄鹤楼》《题破山寺后禅院》《晓出净慈寺送林子方》《舟夜书所见》《西江月（明月别枝惊鹊）》	18	23
	人文风景		《如梦令（常记溪亭日暮）》《游山西村》《书湖阴先生壁》《望海潮（东南形胜）》《清平乐·村居》	5	
情与志	个人性情感	爱情	《关雎》《蒹葭》《氓》《醉花阴（薄雾浓云愁永昼）》《声声慢（寻寻觅觅）》《武陵春·春晚》《雨霖铃（寒蝉凄切）》《迢迢牵牛星》《梦江南（梳洗罢）》《陌上桑》	10	25
		友情	《过故人庄》《江南逢李龟年》《送友人》《闻王昌龄左迁龙标遥有此寄》《渡荆门送别》《送元二使安西》《杜少府之任蜀州》《别董大》《芙蓉楼送辛渐》	9	
		亲情（包括羁旅、思乡之情）	《静夜思》《水调歌头（明月几时有）》《夜雨寄北》《天净沙·秋思》《回乡偶书》《次北固山下》	6	
情与志	社会性情感	反映现实	战乱频仍军民困苦：《石壕吏》《闻官军收河南河北》《兵车行》《春望》《破阵子·为陈同甫赋壮词以寄之》《君子于役》《无衣》《渔家傲·秋思》《扬州慢（淮左名都）》《使至塞上》《采薇》《白雪歌送武判官归京》《凉州词》	13	25
			统治腐朽国运衰微民生艰难：《硕鼠》《伐檀》《江南春绝句》《泊秦淮》《石头城》《山坡羊·潼关怀古》《朝天子·咏喇叭》《马嵬（其二）》《卖炭翁》《蚕妇》《茅屋为秋风所破歌》《观刈麦》	12	
		表达志向	远大抱负壮志未酬心忧国家：《蜀相》《秋浦歌》《永遇乐·京口北固亭怀古》《登高》《十一月四日风雨大作》《书愤》《龟虽寿》《短歌行》《江城子·密州出猎》《赤壁》《酬乐天扬州初逢席上见赠》《登飞来峰》《南国》《别云间》《雁门太守》《白马篇》《过零丁洋》《念奴娇·赤壁怀古》《虞美人（春花秋月何时了）》《己亥杂诗》《蜀道难》《水龙吟·登建康赏心亭》《涉江》《离骚》	24	40
			仕途苦闷淡漠官场心忧人民：《无题》《梦游天姥吟留别》《行路难（其一）》《宣州谢朓楼饯别校书叔云》《琵琶行（并序）》《定风波·莫听穿林打叶声》《归园田居（其一）》《归园田居（其二）》《归园田居（其三）》《饮酒（其五）》《渔歌子（西塞山前）》《茅屋为秋风所破歌》《石灰吟》	16	

　　注：一首诗或词可能表达多种情感，在本研究中根据诗词表达的主要情感进行分类。诗词主题的确定，主要依据教科书中的说明或教师教学用书的解读。诗词的景与情、反映现实与表达情感不能截然分开。为深入揭示问题，在本研究中，依据诗词所表达情感的侧重点，对诗词主题进行了分类统计。

诗词总是表达着诗人/词人的某种情感。诗人/词人表达感情的方式，有借景抒情，也有直抒胸臆。王国维云："一切景语皆情语。"对景物的描写，也总是表达着诗人/词人的某种感情，景与情不可分。在表2－2中，之所以将"景"与"情"分开统计，是根据诗词表达的侧重点，将诗词区分为描绘风景与表达情感这两类。因为入选教科书的诗词中，根据诗词表达的侧重点来看，描写风景的诗词主要向人们展示了美丽的自然、人文风景，而表述爱情、友情、亲情、家国之情等情感的诗词，主要使人们感受到诗人/词人内心的丰富情感。前者侧重自然景观，后者侧重内心情怀。

（一）直接表达内心情感的诗词多于侧重描绘风景的诗词

入选教科书的诗词中，侧重描绘风景（包括自然风景与人文风景）的诗词为23首，而直接表达诗人/词人的"情"与"志"的诗词共有90首。侧重描绘风景的诗词描绘自然界的美好景物以及人们闲适、怡然自得的生活。例如：杨万里的《晓出净慈寺送林子方》描绘西湖六月旖旎的风光，查慎行的《舟夜书所见》描写夜晚渔灯的美景，常建的《题破山寺后禅院》则描绘一番禅境。对风景的描写不一而足：

毕竟西湖六月中，风光不与四时同。接天莲叶无穷碧，映日荷花别样红。

——杨万里《晓出净慈寺送林子方》

月黑见渔灯，孤光一点萤。微微风簇浪，散作满河星。

——查慎行《舟夜书所见》

清晨入古寺，初日照高林。曲径通幽处，禅房花木

36

深。山光悦鸟性，潭影空人心。万籁此俱寂，但余钟
磬音。

——常建《题破山寺后禅院》

与写景的诗词相比，侧重于直接表达内心情感的诗词数量
更多，这些诗词或表达了诗人/词人对爱情、友情、亲情的感
悟，或表达了诗人/词人对国家、社会、人民的情感。

教科书不仅选择了描绘自然景物的诗词，让学生感受美好
的自然与诗人/词人的愉悦心情，还选择了表达诗人/词人丰富
情感的诗词，使学生通过诗词的描绘体会到社会百态以及诗
人/词人的志向抱负。当然，教科书更侧重于表达了丰富情感
的诗词。这种选择的倾向性，不仅因为情感本身的丰富多样
性，更因为这些积极情感、志向的表达，能对学生起到积极的
教育作用。对于诗词"情""志"表达的教育意义，后文将深
入分析。

（二）表达社会性情感的诗词多于表达个人性情感的诗词

分析教科书中所选择的诗词可以发现，诗人/词人表达的
情感可以区分为个人性情感与社会性情感。❶ 笔者认为，所谓
个人性情感，主要指的是指向诗人/词人自我内心或自我与亲
朋之间的情感，它是人与人之间的情感。本书将诗人/词人的
个人性情感分为关于爱情、友情与亲情的情感。所谓社会性情
感，主要是指向社会的情感，它偏向于指涉个人对国家、社会
与民众的情感。本研究将诗人/词人的社会性感情分为对现实
社会的情感以及对自我如何贡献于社会的情感。表达个人性情

---

❶　诗词可同时包含社会性情感与个人性情感，但在情感表达上有所侧重。

感的诗句如：

蒹葭苍苍，白露为霜，所谓伊人，在水一方。

——《诗经·蒹葭》

海内存知己，天涯若比邻。

——王勃《杜少府之任蜀州》

乡书何处达？归雁洛阳边。

——王湾《次北固山下》

表达社会性情感的诗/词句如：

商女不知亡国恨，隔江犹唱《后庭花》。

——杜牧《泊秦淮》

剑外忽传收蓟北，初闻涕泪满衣裳。

——杜甫《闻官军收河南河北》

羌管悠悠霜满地，人不寐，将军白发征夫泪。

——范仲淹《渔家傲·秋思》

遍身罗绮者，不是养蚕人。

——张俞《蚕妇》

从表 2-2 可以看出，表达诗人/词人的"情""志"的诗词共有 90 首，其中，25 首诗词表达了诗人/词人爱情、友情与亲情的个人性情感，而有 65 首诗词表达了诗人/词人的社会性情感。由此看来，入选教科书的诗词多为表达了社会性情感的诗词。表达个人性情感的诗词在教科书中也有一席之地，但其地位与重要性不及表达社会性情感的诗词。其原因也许在于，表达个人性感情的诗词，容易被视为靡靡之音，而教育需要培养学生融入社会、成为社会建设的重要力量，把学生培养成社会人。用诗词所表达的社会性情感对学生进行教育，能较好地培养学生的社会性情感，引导学生关注社会，关注国家发展。这体现出了诗词的社会教化取向。

（三）表达社会性情感的诗词中，乱世之音多于治世之音，怨怒之诗多于美喻之诗

"文章合为时而著，歌诗合为事而作"。诗词总是反映着一定的社会现实和生活实际。封建时代，政治统治的发展，朝代的更迭，有盛有衰。诗人/词人写作的时代背景，既可能是安定繁盛的治世，也可能是动荡不安、统治无道的乱世。因此，文人诗作，既有盛世之作，亦有乱世之音。例如，唐朝前期处于繁荣阶段，是我国历史上少有的封建盛世，"贞观之治""开元盛世"是封建社会的盛世景象。唐代诗歌的繁荣与唐代生活的繁盛不无关系。政治安定、经济富庶催生了大批诗人。李白生活在唐朝最强盛时期，创作了许多浪漫狂放的诗歌。而从安史之乱以来，唐朝逐渐衰弱下去。杜甫生活在唐朝由盛而衰时期，白居易生活在唐朝进一步走向衰落时期。不同的时代背景塑造出了不同风格的诗词。

在教科书中，通过选择诗词，再现社会现实，表现社会动乱、民不聊生的乱世之音多于表现社会繁华、人民安居乐业的治世之音。也就是说，表达诗人/词人的怨怒之情的诗词更多，而表达诗人/词人对于美好生活的赞美之情的诗词更少。教科书中，直接赞美社会现实、描述人民安居乐业的美好生活的诗词仅有几首：《如梦令（常记溪亭日暮）》《游山西村》《书湖阴先生壁》《望海潮（东南形胜）》《清平乐·村居》等。辛

弃疾的《清平乐·村居》描绘了怡然自得的农家生活场景，充满了生活的情趣；柳永的《望海潮（东南形胜）》描绘了一派太平安定的都市生活。

清平乐·村居

辛弃疾

茅檐低小，溪上青青草。醉里吴音相媚好，白发谁家翁媪？

大儿锄豆溪东。中儿正织鸡笼。最喜小儿无赖，溪头卧剥莲蓬。

望海潮

柳永

东南形胜，三吴都会，钱塘自古繁华。烟柳画桥，风帘翠幕，参差十万人家。云树绕堤沙，怒涛卷霜雪，天堑无涯。市列珠玑，户盈罗绮，竞豪奢。

重湖叠巘清嘉，有三秋桂子，十里荷花。羌管弄晴，菱歌泛夜，嬉嬉钓叟莲娃。千骑拥高牙，乘醉听箫鼓，吟赏烟霞。异日图将好景，归去凤池夸。

似这般描写人们怡然自得、繁华太平生活的诗词在教科书中出现很少，也就只有几首。大多数诗词的主题在于深刻揭示战乱频仍、民不聊生的生活现实。大约25首诗词直接描绘了战乱动荡的社会、腐朽的统治和艰难的民生。例如：《诗经》中《硕鼠》是劳动人民反剥削的政治讽刺诗，揭露出统治者的剥削本质；姜夔的《扬州慢（淮左名都）》描写扬州遭金兵劫后长期萧条的景象，表达了词人悲凉痛惜的心情。

硕　鼠

硕鼠硕鼠，无食我黍！三岁贯女，莫我肯顾。逝将去女，适彼乐土。乐土乐土，爰得我所！

硕鼠硕鼠，无食我麦！三岁贯女，莫我肯德。逝将去女，适彼乐国。乐国乐国，爰得我直！

硕鼠硕鼠，无食我苗！三岁贯女，莫我肯劳。逝将去女，适彼乐郊。乐郊乐郊，谁之永号？

扬州慢

姜夔

淮左名都，竹西佳处，解鞍少驻初程。过春风十里，尽荠麦青青。自胡马窥江去后，废池乔木，犹厌言兵。渐黄昏，清角吹寒，都在空城。

杜郎俊赏，算而今、重到须惊。纵豆蔻词工，青楼梦好，难赋深情。二十四桥仍在，波心荡、冷月无声。念桥边红药，年年知为谁生！

除以上所列举的诗词外，还有不少诗词也揭露了社会的腐朽与动荡。例如，杜甫的《石壕吏》描述了有吏夜捉壮丁，而壮丁抓尽，连老妇人也不能幸免，"吏呼一何怒，妇啼一何苦"。张养浩在《山坡羊·潼关怀古》中感慨："兴，百姓苦。亡，百姓苦。"白居易在《卖炭翁》中描述了老翁烧炭、卖炭、被掠夺的过程，反映了人民艰难的生活和统治者的掠夺剥削，"满面尘灰烟火色，两鬓苍苍十指黑"，"可怜身上衣正单，心忧炭贱愿天寒"，"一车炭，千余斤，宫使驱将惜不得"。教科书中这些反映腐朽统治和艰难时世的诗词多于反映繁华、安定生活的诗词。由此可以看出，教科书中的诗词，重在生动地揭示当时社会生活动乱与艰难的一面，通过学习这些诗词，学生可以形象生动地认识到封建社会的现实：社会动乱不安、战事频仍，统治者昏庸无道、对平民百般搜刮，民生艰难困苦。而诗人/词人有着走上仕途、治理国家或戍边报国的热切愿望，却总因腐朽统治而不得施展才华。李白、杜甫等许多诗人/词人皆如此。诗词教育在使学生体会到封建统治的腐朽落后方面具有重要的教育意义，然而，教科书中的诗词所再现的只是社会现实的一方面，"治世之音"远远少于"乱世之音"。学生较少能从教科书的诗词中感受到历史曾有过的繁盛。这使得人们不得不去思考，强调"乱世之音"，固然增强了学生对于封建腐朽统治的清醒认识和深刻的批判能力，然而，忽略封建统治曾有过的繁荣，以及对这些繁盛生活进行描述的优秀诗词，容易造成对另一部分优秀诗词作品的遮蔽。例如，曾被当时的人们视为盛世之音、受到高度重视的王维、孟浩然的诗歌，却在教科书中被边缘化，这也在一定程度上反映了一些优秀诗词作品被遮蔽，以及这种遮蔽可能带来的认识片面化与单一化。

（四）在表达社会性情感的诗词中，重在展现诗人的志向抱负与优秀人格

在 65 首表达社会性情感的诗词中，除去 25 首重在反映社会现实的诗词外，有 40 首诗词重在展现诗人的志向抱负。❶ 这些诗词所表达的诗人的抱负，或是壮志未酬、心忧国家，或是淡漠官场、心忧人民等。诗人的主要志向抱负概括为：第一，

---

❶ 诗词中反映社会现实与表达志向抱负是结合的，但在表达上各有所侧重。

忠君报国的情怀。在战乱频仍的岁月中，诗人目睹满目疮痍，心忧国家，在诗词中抒发了力图为国效力、忠君报国的愿望。教科书中表达诗人的报国愿望的诗句如：

> 僵卧孤村不自哀，尚思为国戍轮台。夜阑卧听风吹雨，铁马冰河入梦来。
>
> ——陆游《十一月四日风雨大作》
>
> 报君黄金台上意，提携玉龙为君死。
>
> ——李贺《雁门太守行》
>
> 捐躯赴国难，视死忽如归。
>
> ——曹植《白马篇》
>
> 人生自古谁无死，留取丹心照汗青。
>
> ——文天祥《过零丁洋》

第二，时光易逝、功业未成的感慨与希冀成就功业的豪情。在爱国情怀下，诗人/词人常为不能完全实现报国理想而感慨。他们或反思个人的社会经历与年岁，感慨时光易逝、壮志未酬；或追思历史人物，以他们成就功业为典故，慨叹自身功业未成；或抱有政治抱负，抒发希冀成就功业的豪情。教科书中表达诗人/词人壮志未酬的感慨与成就功业的抱负的诗/词句如：

> 凭谁问：廉颇老矣，尚能饭否？
>
> ——辛弃疾《永遇乐·京口北固亭怀古》
>
> 故国神游，多情应笑我，早生华发。
>
> ——苏轼《念奴娇·赤壁怀古》

　　　　老骥伏枥，志在千里。烈士暮年，壮心不已。

　　　　　　　　　　　　　　　　——曹操《龟虽寿》

　　第三，兼济天下、爱民忧民的理想情怀。在战乱频仍、统治腐朽的岁月中，民不聊生。诗人感慨现实，忧民生之艰难，在诗词中抒发了爱民忧民的情怀和兼济天下的志向。杜甫在《茅屋为秋风所破歌》中呼唤："安得广厦千万间，大庇天下寒士俱欢颜，风雨不动安如山？呜呼！何时眼前突兀现此屋，吾庐独破受冻死亦足！"杜甫的现实主义和兼济天下的崇高思想，也使得这首诗一直被选入语文教科书，在这四套教科书中从未被旁落，而这些诗句也被后人传诵。

　　第四，仕途苦闷、淡漠官场的心境。诗人/词人多有着济世救国的远大抱负，但不少人却总是仕途不顺，在官场遭排挤、贬谪，官场的黑暗混乱，使他们萌生了归隐的思想。然而，他们的归隐，并不是真正淡漠社会和民生，而是在理想抱负无法施展之时的忧苦情感表述，"喝酒放荡是因为志向太高，退隐山林是因为现实感太强"（何怀宏语）。教科书中也选入了不少表达诗人官场淡漠心境的诗词，这些诗词，不只是表达了无奈归隐的思想，也有对未来能重振旗鼓，重新走上仕途施展抱负的期望。

　　　　久在樊笼里，复得返自然。

　　　　　　　　——陶渊明《归园田居》（其一）

　　　　安能摧眉折腰事权贵，使我不得开心颜？

　　　　　　　　　　——李白《梦游天姥吟留别》

　　　　人生在世不称意，明朝散发弄扁舟。

　　　　　　　　——李白《宣州谢朓楼饯别校书叔云》

由此看来，教科书中表达社会性情感诗词的主题主要集中在诗人/词人的爱国、忠君的情感，希冀成就功业的豪情，兼济天下、爱民忧民的情怀和仕途苦闷、淡漠官场的心境。教科书的这种选择倾向性的特点在于：第一，多选择表达积极入世情怀的诗词，较少选择表达出世思想的诗词。从教科书所选择的诗词可以看出，诗人/词人对现实十分关注，表达了其关注家国命运、济世救民的理想。不管是身处困境还是逆境，诗人/词人多以积极的态度，希冀为国家昌盛与安定在军事、政治上有所作为。教科书中也选择了部分表达了诗人/词人由于官场不得志产生抑郁心情或归隐思想的诗词，这些诗词相比于具有积极进取的豪情的诗词而言，数量较少一些，因为这些诗词或多或少表达了一些出世思想。但是，即使是具有出世思想的诗词，人们仍能从中感受到诗人/词人的现实情怀，和对治国平天下的热忱。那些完全退避消极的诗词几乎不会被选入教科书。

第二，诗人/词人的入世情怀主要集中在：忠君报国、忧国忧民等方面。在战乱年代，诗人/词人有着收复失地、保卫国家、平复战争的壮志，也痛恨长年征战导致人们厌战、民不聊生，还有对统治之腐朽无能、人民受尽剥削压迫的现实的揭露。总之，诗人/词人通过诗词表达他们对国家社稷的关心，对民生的关怀，表现出独善其身与兼济天下的人格特征。教科书对这些诗词的选择，意味着对这些诗人/词人人格的尊崇和褒扬，以这些优秀的思想与品格对学生进行教育，引导学生关注社会，积极参与社会建设，并使学生养成以社会、人民利益为重的兼济天下精神。

第二节　教科书中新诗的选择

从古典诗词到现代诗歌，中国的新诗没有渐变式地产生、发展，它是在与古典诗词的断然决裂中产生的。"五四"新文化运动催生着诗歌的变革。"'五四'诗坛交织着两个主题，一是新与旧的交锋，不仅在诗的精神上正面对垒，而且在诗的语言上直接冲突……（在新与旧的交锋中）中国新诗经由胡适的'尝试'而后在郭沫若的'涅槃'中确立。（在中西碰撞中，）火一般的郭沫若、水一样的湖畔诗人、'戴着镣铐跳舞'的新月派、'以丑为美'的李金发，虽带着或明或隐的异域影子，却自成一格，共同使步履艰难的'五四'诗坛流光溢彩……二十世纪三四十年代，阶级矛盾和民族矛盾异常尖锐，新诗发展大致呈现两大脉络，一脉以关注现实、关怀社会而走向大众、拥抱时代，无产阶级诗歌、中国诗歌会、艾青、七月诗派、解放区诗歌，属于这一群；另一脉则以注重艺术探索而走向自我、回到本体，戴望舒、九叶诗派属于这一群。20 世纪 70 年代末期朦胧诗人群崛起。20 世纪 80 年代诗派纷出，潮流迭进，既解构别人，也被人解构"。❶ 这就是中国现当代诗歌发展的大致脉络。以这一脉络为背景来分析教科书中的新诗，可以看出新诗选择的许多特点。

---

❶ 朱水涌，李晓红．中国现当代文学［M］．北京：科学出版社，2000.101.

一、新诗主题分析

人民教育出版社四套语文教科书中总计选择了新诗 50 多首，相对古典诗词的入选数量而言，新诗数量较少。根据诗歌所表达的主要主题对这些新诗归类统计，其结果如表 2 − 3。

表 2 − 3　人民教育出版社四套语文教科书中新诗的主题

诗歌主题		诗歌名称	数量	总计
社会性情感	揭露黑暗现实、追求光明的斗争	《浣溪沙·和柳亚子先生》、《沁园春·雪》《沁园春·长沙》、《采桑子·重阳》、《梅岭三章》《口占一绝》、《狱中诗》、《南京书所见》①、《天上的街市》、《风雨》、《死水》、《星星变奏曲》、《黎明的通知》、《王贵与李香香》、《春鸟》、《静夜》（郭沫若）、《静夜》（闻一多）	19	38
	爱国情感民族情感	《我爱这土地》、《赞美》、《黄河颂》、《就是那一只蟋蟀》、《祖国啊，我亲爱的祖国》、《我用残损的手掌》、《乡愁》（余光中）	7	
	歌颂延安、歌颂开拓新生活的精神	《回延安》、《我为少男少女们歌唱》、《秋天》、《水调歌头·游泳》、《雨说——为生活在中国大地上的儿童而歌》、《青纱帐——甘蔗林》、《西去列车的窗口》	7	
	人物颂歌	《大堰河——我的保姆》、《周总理，你在哪里》、《一月的哀思》、《有的人——纪念鲁迅有感》、《你，浪花里的一滴水》	5	
个人性情感	爱情	《致橡树》、《错误》、《雨巷》、《断章》、《我是一条小河》	5	9
	亲情	《纸船·寄母亲》、《乡愁》（席慕蓉）	2	
	其他	《再别康桥》、《面朝大海，春暖花开》②	2	
哲理	哲理	《色彩》、《在山那边》、《理想》	3	3

注：①教科书中所选择的多首毛泽东诗词，以及《梅岭三章》、"革命烈士诗三首"（《口占一绝》《狱中诗》《南京书所见》）等诗歌，都是依据词牌或者古典诗歌的格律而创作的，其形式是旧式的，但内容是现代的，所以这些诗词在教科书中被归入新诗中。本研究中也将它们作为新诗进行分析。

②《再别康桥》表达了惜别、怀旧之情。对《面朝大海，春暖花开》的情感解读尚存在争议，有人认为它表达了对美好生活的追求，也有人认为诗中已经传达了作者厌世之情。

从表 2 - 3 可以看出：

（一）表达社会性情感的诗歌远远多于表达个人性情感的诗歌

在这四套教科书的 50 多首诗歌中，38 首诗歌表达了诗人的社会性情感，这些诗歌主要反映了诗歌创作时期的社会现实，如军阀混战、抗日战争的艰苦，以及人们为争取光明生活的艰苦卓绝的斗争等。而仅有 9 首诗歌抒发了诗人的个人性感情。此外，还有 3 首诗是具有一定哲理的诗歌。例如，表达社会性情感的诗句有：

如果只是为了一杯酒，一本诗，/静夜里钟摆摇来的一片闲适，/就听不见了你们四邻的呻吟，/看不见寡妇孤儿抖颤的身影，/战壕里的痉挛，疯人咬着病榻，/和各种惨剧在生活的磨子下。/幸福！我如今不能受你的私贿，/我的世界不在这尺方的墙内。/听！又是一阵炮声，死神在咆哮。/静夜！你如何能禁止我的心跳？

—— 闻一多《静夜》

我把全部的力量运在手掌贴在上面，/寄与爱和一切希望，/因为只有那里是太阳，是春，/将驱逐阴暗，带来苏生，/因为只有那里我们不像牲口一样活，/蝼蚁一样死……那里，永恒的中国！

—— 戴望舒《我用残损的手掌》

表达个人性情感的诗句如：

我打江南走过，/那等在季节里的容颜如莲花的开落。/东风不来，三月的柳絮不飞，/你的心如小小的寂寞的城，/恰若青石的街道向晚。

——郑愁予《错误》

从诗歌中摘录的这些片断可以看出，表达社会性情感的诗歌多指向社会、国家，其风格豪放洒脱，诗句铿锵有力。而表达个人性情感的诗句多指向个人内心柔弱娇美的一部分，其风格婉约，诗句细腻，感情绵长。教科书大量选择表达社会性情感的诗歌，反映出了对于社会性情感的重视和对个人情愫的略微忽视。对这一点，不仅从表格中所统计的数据差异可以看出，而且对于同一题材的诗歌的选择倾向性也可以看出教科书对社会性情感的重视。这里，以教科书中同为《乡愁》的两首歌为例进行说明。

乡　愁

余光中

小时候/乡愁是一枚小小的邮票/我在这头/母亲在那头
长大后/乡愁是一张窄窄的船票/我在这头/新娘在那头
后来啊/乡愁是一方矮矮的坟墓/我在外头/母亲在里头
而现在/乡愁是一湾浅浅的海峡/我在这头/大陆在那头

乡　愁

席慕容

故乡的歌是一支清远的笛/总在有月亮的晚上响起
故乡的面貌却是一种模糊的怅望/仿佛雾里的挥手别离
离别后/乡愁是一棵没有年轮的树/永不老去

49

同为表达思乡的乡愁，余光中的诗歌，从对家人的思念，转而引申到对祖国的思念、对祖国统一的期盼。席慕容的诗歌，则以柔婉的笔触，写出了内心对家乡的眷恋柔情。前者从个人情感上升到社会情感，表达了对祖国的社会性情感，而后者更注重个人内心情感的抒发。这种差异，并非高下优劣的差异，而只是视角和笔触的区别。但在教科书中，这两首诗歌入选的机会却不太相同。余光中的《乡愁》被选入语文教科书：2000 年版初中（第三册）、2000 年版高中（第三册）、实验版九年级（下册），而席慕容的《乡愁》仅被选入语文教科书2000 年版初中（第三册）。前者入选语文教科书共三次，而后者仅仅入选一次，数量上的差异，可能的原因之一便在于其主题与意境之区别。

（二）表达社会性情感的诗歌主题：战争与国家

1. 时代脉搏：黑暗、战争与光明

教科书中诗歌的创作背景多是 20 世纪 20 ~ 40 年代，这正是战争不断的时期，如北伐战争、军阀混战以及抗日战争等。诗人目睹了军阀统治下的黑暗社会，身处于战乱中的中国，创作的诗歌反映着当时的社会现实。教科书中选择了许多反映社会现实的诗歌，它们揭露了黑暗的社会现实，反映了人们为争取光明所进行的艰苦卓绝斗争，表达了诗人对国家的忧心和对为争取光明的战争的昂扬斗志。例如，郭沫若的《天上的街市》："我想那缥缈的空中，/定然有美丽的街市。/街市上陈列的一些物品，/定然是世上没有的珍奇……"通过想象着天上的美好生活，诗人表达了对黑暗现实的不满和对光明的追求。闻一多的《死水》："这是一沟绝望的死水，/清风吹不起半点漪沦。/不如多扔些破铜烂铁，/爽性泼你的剩菜残羹。/……

这是一沟绝望的死水，/这里断不是美的所在，/不如让给丑恶来开垦，/看他造出个什么世界。"诗人通过"死水"这一象征意义的意象，表达对丑恶现实的绝望、愤慨和对打破这种旧社会的决心和期待。而李季的《王贵与李香香》则塑造了敢于反抗、争取自由幸福的青年形象，也歌颂了革命斗争的胜利给人民带来了新的生活，在诗歌结尾处，"王贵"把对革命的歌颂喊了出来："挣扎半天王贵才说了一句话；/'咱们闹革命，革命也是为了咱！'"除了对黑暗旧社会的揭露外，教科书还选择了歌颂新社会生活的诗歌。例如，贺敬之的《回延安》歌颂延安的新生活和延安人民对革命的贡献。何其芳的《我为少男少女们歌唱》也是对延安新生活的歌颂，他的另一首入选教科书的诗歌《秋天》则描绘秋天人们生活的安详美景。此外，郑愁予的《雨说——为生活在中国大地上的儿童而歌》，表达的是诗人对于"文革"结束后，生活在祖国大地上的儿童必将突破重重压抑而重新获得自由、幸福的感慨喜悦之情。教科书中的这些诗歌例子不一而足。总体看来，教科书中的诗歌都表达了这种社会性情感，以此向学生揭露黑暗的旧社会，展示同仇敌忾的抗战岁月以及为争取新生活的艰苦斗争，并歌颂生活在新社会的人们的幸福之情。教科书正是根据诗人在反映社会现实时所表达的情感，对诗歌进行价值选择。将这些诗歌作为教育内容，可以引导学生认清旧社会的本质以及新生活的来之不易，增强学生对于艰苦斗争岁月的体认，养成学生的社会批判能力，激发学生对新社会的热爱之情。

2. 诗人情感：深厚的爱国情怀

正是因为对祖国的满腔热爱，诗人才会在黑暗岁月中保持坚定信念。教科书所选择的诗歌，透露着诗人对祖国深沉的爱。戴望舒在日寇阴暗潮湿的牢里写下了《我用残损的手掌》，诗人用"残损的手掌"抚摸被日寇蹂躏的祖国广大土地："我用残损的手掌，/摸索这广大的土地：/这一角已变成灰烬，那一角只是血和泥。"在凄楚忧愤之时，诗人仍对民族复兴寄予了希望："我把全部的力量运在手掌，贴在上面，/寄与爱和一切希望，/因为只有那里是太阳，是春，/将驱逐阴暗，带来苏生，/因为只有那里我们不像牲口一样活，蝼蚁一样死……那里，永恒的中国！"作为行吟大地的诗人，艾青对"大地"、祖国饱含深情："为什么我的眼里常含泪水？/因为我对这土地爱得深沉……"（《我爱这土地》）。诗人光未然的《黄河颂》向着黄河母亲，唱出了雄浑壮丽的歌。舒婷《祖国啊，我亲爱的祖国》直接抒发对祖国的热爱之情和甘愿为祖国奉献自己的愿望："我是你十亿分之一，/是你九百六十万平方的总和。/你以伤痕累累的乳房，/喂养了，/迷惘的我，深思的我，/沸腾的我。/那就从我的血肉之躯上，/去取得，/你的富饶，你的荣光，你的自由，/—— 祖国啊，我亲爱的祖国。"而流沙河的《就是那一只蟋蟀》和余光中的《乡愁》，都歌咏了两岸中国人对于中华民族那种血浓于水的感情："就是那一只蟋蟀，/在海峡那边唱歌，/在台北的一条巷子里唱歌，/在四川的一个乡村里唱歌，/在每个中国人脚迹所到之处，/处处唱歌/比最单调的乐曲更单调，/比最谐和的音响更谐和，/凝成水，/是露珠，/燃成光，/是萤火，/变成鸟，/是鹧鸪，/啼叫在乡愁者的心窝。"总之，教科书所选择的这些诗歌，都表达了诗人热爱、思念祖国，以及甘愿为祖国奉献自己的感情。诗人对于爱国之情的呼喊，能激发学生的爱国之情。

（三）表达社会性情感的诗歌中的人物颂歌

教科书中的新诗除了揭露黑暗旧社会，反映人们为争取新生活的艰苦斗争以及歌颂新社会之外，还有 5 首诗歌是对优秀人物的人格歌颂。这 5 首诗歌分别是：《周总理，你在哪里》《一月的哀思》《有的人——纪念鲁迅有感》《大堰河——我的保姆》《你，浪花里的一滴水》。《周总理，你在哪里》追思和歌颂了受全国人民爱戴的周总理，表达了人民对总理的爱戴和思念之情："你永远居住在太阳升起的地方，/你永远居住在人民心里，/你的人民世世代代想念你！想念你呵，想念你/——想——念——你……"《有的人——纪念鲁迅有感》歌颂鲁迅以及鲁迅似的全心全意为人民服务的人，批判剥削、压迫人民的人："骑在人民头上的/人民把他摔垮；/给人民做牛做马的/人民永远记住他！"《大堰河——我的保姆》，歌颂大堰河以及大堰河般千千万万勤劳的劳动人民："大堰河！今天，你的乳儿是在狱里，/写着一首呈给你的赞美诗，/呈给你黄土下紫色的灵魂……呈给大地上一切的，/我的大堰河般的保姆和她们的儿子，/呈给爱我如爱她自己的儿子般的大堰河。"此外，《你，浪花里的一滴水》则歌颂无私奉献的普通一兵——雷锋。总之，教科书所选择的诗歌中所歌颂的人物形象，都具有崇高的人格，这些形象具有广泛的代表意义和深刻的教育意义。以这些诗歌对学生进行教育，向学生展示着各种人物的优秀人格，既有总理，也有无产阶级的革命斗士，还有贫穷却无私的劳动者以及普通士兵等。丰富的形象能增进学生对于优秀人格的认识和感悟，并培养学生像这些优秀人物一般无私奉献、全心全意为人民服务的精神。学生在接受诗歌的美的教育同时，思想上能受到深刻教育。

二、新诗诗风分析

表 2－4　人民教育出版社四套语文教科书中的新诗所属诗潮

诗潮	主要诗人	诗歌名称
浪漫主义	郭沫若	《天上的街市》《静夜》
	闻一多	《静夜》《色彩》《死水》
	徐志摩	《再别康桥》
现实主义	艾青	《黎明的通知》《大堰河——我的保姆》《我爱这土地》
	臧克家	《有的人——纪念鲁迅有感》《春鸟》
	贺敬之	《回延安》《西去列车的窗口》
	何其芳	《我为少男少女们歌唱》《秋天》
	流沙河	《就是那一只蟋蟀》《理想》
	郭小川	《甘蔗林——青纱帐》
	李季	《王贵与李香香》
	李瑛	《一月的哀思》
	光未然	《黄河颂》
现代主义	郑愁予	《雨说——为生活在中国大地上的儿童而歌》《错误》
	何其芳	《我为少男少女们歌唱》《秋天》
	戴望舒	《我用残损的手掌》《雨巷》
	卞之琳	《断章》
	冯至	《我是一条小河》

注：诗歌分为许多流派，诗潮的划分也有多种形式。有些诗歌因其难以被清晰地划归某一诗潮而未被列入此表格中。

新诗发展史上，有三种主要的诗潮：浪漫主义、现实主义和现代主义。它们既相互冲突，也相互渗透与补充。现实主义的特点在于理性地描绘社会现实，表现现实人生，诗人有较强的历史使命感和政治意识。关于三种诗潮，有这样一种评价：

　　现代主义与现实主义、浪漫主义相比，更多诗的成分，而现实主义、浪漫主义则有相当的非诗甚至反诗的一面。这是由他们的流派性质所决定的。因为现实主义诗歌试图向读者直接呈现什么，即真实地再现生活本来的样子；浪漫主义诗歌试图向读者直接表现什么，即所谓"激情的自然流露"，它们的表达方式都是近于散文式的直露，这在一定程度上于诗性的建构是不利的。而现代主义诗歌却在于让读者感受到什么，体悟到什么……这些感受和体悟又常常是可以意会而不可言传的……现实主义、浪漫主义诗歌能直接表现民族和时代的广阔画面，在思想感情内涵上也可以达到比较高的境界，但由于表现得太露太直白，缺乏内在诗意诗境……现代主义诗歌不大能够直接表现民族和时代的广阔画面，但它却善于表达深沉的玄思、微妙的意境、细腻的感触，较之现实主义诗歌那种诉诸于感官的明白晓畅和浪漫主义那种感情的宣泄，现代主义诗歌显然更属于一种契入心灵深处的诗。❶

这只是对这三种诗潮的一种评价，它有不够全面之处，但能为评价三种诗潮提供一定的视角。对教科书进行深入分析可以发现教科书中新诗选择的特点。

（一）教科书选择诗歌是以现实主义诗潮为主导

教科书中较多选择了现实主义诗歌，而浪漫主义、现代主义诗歌较少，表现在：教科书中共选择了 9 位具有代表性的现实主义诗人的 15 首诗歌，这些诗歌在四套教科书中共出现了

❶ 龙泉明. 中国新诗流变论 [M]. 北京：人民文学出版社，1999：641 - 642.

23 次。相比而言，教科书中选择了 3 位浪漫主义诗人的 6 首诗歌，它们在这四套教科书中共出现了 11 次；选择了 5 位现代主义诗人的 8 首诗歌，它们在四套教科书中共出现了 10 次。现实主义诗歌的篇数及其出现的次数远远多于浪漫主义及现代主义诗歌。由此可以看出教科书诗歌选择是以现实主义诗潮为主导。这些现实主义诗歌，不仅仅是诗人个人情感的表达，更是代表整个民族在言说，言说了民族的生活、精神与灵魂。

（二）教科书中诗歌的现实主义，是战斗的现实主义

诗歌的战斗的现实主义诗风可以从以下两方面得到进一步说明。

1. 战斗的诗歌——"延安派"政治抒情诗

现实主义诗潮是由各种诗歌流派构成的，教科书中的现实主义诗歌分别属于延安派、七月派、中国现实主义、中国新现实主义等诗歌流派。在这众多的现实主义流派中，教科书偏好"延安派"诗人，书中艾青、光未然、何其芳、贺敬之、郭小川、李季等诗人都属于延安派，他们的诗歌共有 11 首，几乎是教科书中现实主义诗歌数量的一半。"所谓延安派，并不是一个纯地域性的诗歌群体，而是一个诗歌流派。它包括了以延安为中心的抗日根据地，以及由此不断向四面推进的解放区的诗人，它是在中国共产党领导下的与工农密切结合的新型的诗歌群体……延安诗派是一个开放性的诗歌群体，都有着强烈的社会意识和政治责任感，几乎都是从战斗走向诗坛的……诗人既是民族解放、阶级解放的战士，那么诗人所创作的诗就应是战斗的武器，这种观念成为延安诗人诗歌美学思想的核心。正因为这样，延安诗人的创作，一般来说，政治意义是大于艺术意义的，或者说，在这短兵相接的时刻，诗人的创作并不是纯

艺术的，而是同他的政治信念和政治选择联系在一起的"。❶
"延安派诗人首先要求自己是一个战士，然后才是一个诗人，
他们作诗，首先是把它作为一种战斗武器、文化工具，其次才
要求它是诗，也就是说，延安诗人'服务政治比服务于艺术更
多'，因而他们的诗基本上更多政治的、文化的品格，而少的
是诗的品格"。❷ 教科书所选择的诗歌，既有反映延安新生活
的诗歌如《回延安》《我为少男少女们歌唱》，也有表达革命
与建设等时代主题的诗歌如《黎明的通知》《甘蔗林——青纱
帐》《王贵与李香香》等。教科书所选择的以"延安派"为主
的现实主义诗歌，表达了革命与战争的时代主题，述说了人民
的苦难与反抗，真实地再现了革命斗争年代的烽火以及人民的
坚毅与顽强。

2. 战斗的诗人——以艾青为代表

艾青是杰出的现实主义诗人。从表 2 - 3 的统计可以发现，
艾青共有 3 首诗歌入选教科书，这些诗歌在教科书中共出现了
6 次（从表 2 - 3 可以看出，闻一多也有 3 首诗歌被选入教科
书，但这 3 首诗总计只出现了 3 次）。艾青诗歌的篇数和入选
次数远远多于其他诗人的诗歌。艾青是一位心贴着大地的行吟
诗人，目睹了苦难的中国、充满战斗和希望的中国，艾青说：
"我们是悲苦的种族之最悲苦的一代，多少年月积压下来的耻
辱与愤恨，都将在我们这一代来清算。我们是担戴了历史的多
重使命的……我们写诗，是作为一个悲苦的种族争取解放、摆

---

❶ 龙泉明. 中国新诗流变论［M］. 北京：人民文学出版社，1999：464 -
465，467.

❷ 龙泉明. 中国新诗流变论［M］. 北京：人民文学出版社，1999：610.

脱枷锁的歌手而写诗。"❶因此，教科书选择的诗歌，表现着他对祖国"土地"深沉的爱（《我爱这土地》），对"大堰河"般穷苦农民的深厚感情（《大堰河——我的保姆》），对抗战胜利的信心和斗志（《黎明的通知》）。他的诗歌，紧跟时代脚步，传达时代脉搏，表达时代呼声。艾青诗歌的战斗精神使它们在教科书中占有重要地位。

第三节　诗词选择与社会控制

一、诗词选择的特点：价值选择

（一）教科书：一种经典

"经典"的代表性定义有多种，综合而言主要有以下三种观点。第一种观点认为，经典是指具有重要价值的权威著作。如《辞海》对经典的定义为：（1）最重要的、有指导作用的权威著作；（2）古代儒家的经籍。❷第二种观点认为，经典是建构的，体现了权力的运作。例如，伊格尔顿认为"文学经典"是由特定人群出于特定理由而在某一时代形成的构造物。❸第三种观点认为，经典具有制约和规范的力量。例如，陶东风认为单纯的审美本质主义是不能解释经典的本质的，因为无论是在汉语还是在其他语言中，"经典"都有规范、法则

---

❶ 艾青. 艾青全集（第三卷）［M］. 石家庄：花山文艺出版社，1994：77.

❷ 辞海［M］. 上海：上海辞书出版社，1999：3302.

❸ 特雷·伊格尔顿，著. 二十世纪西方文学理论［M］. 武晓明，译. 西安：陕西师范大学出版社，1986：13.

之意，"经典"不仅指那些在历史上流传下来的以语言文字或其他形式保留的文本而且更包含着制约和规范人类思维、情感和行为的政治、文化和道德力量。❶虽然对于"经典"没有统一的定义，但通过学者的研究和分析可以发现，经典的特点在于：第一，它是重要的、有指导作用的权威著作，代表着时代精神。第二，经典不是自动形成的，也不是永远不变的，它的形成和发展，是多种力量综合的结果。也就是说，经典是建构的，反映了权力的运作。第三，经过建构而确定的经典，具有规范和强制的力量，这种力量的特性是政治的、文化的、道德的力量。

从对经典的界定出发可以认识到，不仅一些历史典籍、名著是具有历史、文学价值的经典，教科书也可以被视为是一种经典。首先，教科书的内容是从被普遍认可的经典中经过仔细挑选而形成的，这些内容被视为是经典中最有价值、最值得传递的内容，因此可以说，教科书中的内容是经典中的经典。例如，中华诗词的经典之作浩如烟海，被精心挑选出来作为教育内容的诗词，是这些经典之中的"精华"。教科书是以经典之作为主要构成内容，以保存和传递经典为重要功能，因此教科书也成为经典。其次，不仅教科书的内容选择决定了教科书的"经典"特性，教科书作为一个整体所具有的特点也决定了教科书的"经典"地位。依据经典的这一定义——最重要的、具有指导作用的权威著作——可以将教科书视为经典，因为教科书正是学校教育中最重要的、对师生教与学起着重要作用的权

---

❶ 陶东风. 当代中国的文化批评［M］. 北京：北京大学出版社，2006：249-250.

威文本。学校教育就是围绕这一权威文本，对文本内容进行理解、解读，使学生接纳、内化的过程。由于教科书在较长时期内的稳定性及其使用范围的广泛性，它的经典性也得到巩固和扩大。教科书作为经过建构而形成的经典，具有权威性与指导性地位，也具有规范和强制的力量，它在学生成长中发挥着重要作用。

（二）诗词经典化：价值选择

经典化，即文本转化为经典的过程。在成为经典的过程中，有些作品受到青睐，被传承和保留下来，并成为具有很高价值的文本；而有些作品则渐渐被人们遗忘或抛弃，逐渐淡出人们的视野。能否成为经典，涉及各种力量的斗争。从阐释学角度讲，经典化的主题就是力量。经典化，展现为力量的斗争，而通过斗争形成的经典，又具有强大的力量，表征着自身的合法性与权威性，并发挥着约束一部分人的力量。正如伊格尔顿所指出的："莎士比亚的作品并非轻而易举就成了伟大文学，这是文学机构当时的幸福发现：他的作品之所以成为伟大文学是因为文学机构是这样任命它的。这并非意味着他的作品不是'真正的'伟大文学——即所谓伟大文学只不过是人们对它的看法——因为根本无所谓'真正'伟大或'真正'如何的文学，独立于它在特定的社会和生活形态中受到的对待方式。"❶对于何为文学经典需要辩证地看待。知识与权力、文学与权力之间的斗争关系，已逐渐被人们发现和深刻揭露。本研究并不赞同关于经典的绝对主义观点，即认为具有永恒不变

---

❶ 特雷·伊格尔顿，著. 二十世纪西方文学理论［M］. 伍晓明，译. 西安：陕西师范大学出版社，1986：254.

的绝对经典；也不赞同关于经典的相对主义，即认为没有所谓的经典，经典永远是建构的、主观性的产物。本研究吸纳多方观点认为，能成为经典的文学作品，是作品本身的文学特性与社会权力建构二者共同作用的结果。成为经典的作品，本身在文学性方面有不可否定的优秀之处，文学性差的作品不太可能成为精英所崇尚的经典。但是，文学优秀作品如此之多，一些作品能被奉为经典而流传下来，另一些作品则逐渐消失在公众的视野中；一些作品从经典走向边缘，另一些作品则从边缘走向经典。对经典的认定的变动性反映出了权力的运作。

　　教科书编者选择作为教育内容的诗词的过程，实质上是诗词经典化或再经典化的过程，即诗词由普通文本转化为经典，或原本已被认定为经典的诗词经过教科书编者之筛选而进一步强化其经典地位。选择哪些诗词使其经典化，涉及对诗词价值的认定。"教科书的编撰者在选择或撰写这种文本时不可能随心所欲，而是必须遵循课程目标所规定的价值要求，选择那些能够体现国家主流价值观念的材料。这样，教科书便成了国家主流价值观念的载体，履行着'意识形态的守护职能'。古今中外，这方面的事实俯拾即是。在这里，我们可看到的是教科书这种课程内容在价值观念上与课程目标及国家主流意识形态之间的'吻应'"。❶ 因此，诗词经典化的过程就是知识价值选择过程。"所谓知识价值的选择，就是社会的统治阶层总要通过教育内容体现其价值取向，运用政治的和经济的权力与优势，使得自己认为'有价值'的知识'合法化'，并包装为最科学的'放之四海而皆准'的真理性知识，成为名正言顺的教

---

　　❶　吴康宁 . "课程内容"的社会学释义［J］. 教育评论，2000（5）：20.

育内容，并在学校中占据主导的地位"。❶

由此可见，知识不是完全客观中立的，经典并不是永恒固定不变的，而是由参与主体不断建构的。经典的选择，是主体力量作用的结果，同时又能展现出社会控制的力量。"对'经典真作'的研究必须突出对权力运作、兴趣作用和斗争动态的考察。这些因素对'经典真作'的形成都是至关重要的。那些被认为值得保存下来并传授给下一代的文本……进入了学校课堂……"❷ 通过前文对教科书中古典诗词数量和主题的分析，以及对新诗主题和诗风的分析可以看出，诗词选择不是随意的，而是价值选择的过程。这一价值选择的特点在于：首先，它偏重社会的、现实的价值，而非个人的价值。教科书中所选择的多为表达忧国忧民情感的现实主义诗词，较少选择表达个人内心微妙情感的诗词；多是铺陈对国家、民族情感的诗词，较少细腻刻画个人内心情感的诗词。因此，在价值选择上，以关乎社会、关注现实为重。其次，它偏重于道德价值，而非审美价值。教科书中的诗词，多具有强烈的道德教育意义，如爱国情感、报国志向、战斗豪情等。与之相比，教科书中较少选择传达绮靡意境的诗词。总之，教科书编者对诗词进行价值筛选，价值选择的依据就在于：诗词是否承载了社会统治阶层所认可的积极的价值内涵。这些积极的价值内涵包括：对社会发展历史的批判与赞扬，对传统优秀人格的推崇，以及对伟大民族精神的宣扬。通过价值筛选，具有社会性价值和思想教育意

---

❶ 张行涛. 考试的社会学概观 [J]. 教育理论与实践，2000 (3)：38.

❷ 英格丽德·约翰斯顿，著. 重构语文世界 [M]. 郭洋生，邓海，译. 北京：教育科学出版社，2007：58.

义的诗词成为教育文本在教科书中得到保存和传递。利用这些经过价值筛选的诗词进行教育，诗词教育发挥着社会控制的功能。

二、社会控制的策略：澄明与遮蔽

"诗歌作为一种特别的文学体裁，由于它一方面能最大限度地扩张本民族语言的表现力和浓缩本民族语言的审美韵味，另一方面又长于表现作者的情感世界和内心世界，它往往被看作一个民族的文化表征，甚至一个民族的精神象征"。❶诗词教育，一方面是传递中国文学的精华，另一方面也是传承传统思想文化的精华。经过选择而进入教科书并被相对固定下来的诗词选文，成为经典中的经典。教科书作为法定文本的地位，给予了这些被选编进入教科书的文本以权威的、不容怀疑的地位，使人们相信这些知识的价值，并逐渐接受与认同这些经典。在接受教育，认同经典的文学性与思想性的过程中，人们对文化之精神内涵的记忆与想象逐渐固定下来。也就是说，诗词进入教科书，成为经典的过程，一方面是权力发挥作用的过程，权力的作用能对诗词作品进行价值选择；另一方面，利用被经典化的诗词进行教育，又能发挥出权力的力量，使权力作用得到实现，即指社会控制的实现。

具体而言，通过对教科书中诗词的选择实施社会控制的策略在于：通过价值选择而实现的澄明与遮蔽。教科书内容的有限性决定了选择的必然性，而一种选择意味着一种遮蔽，一种宣扬也意味着一种压制。被选择进入教科书的诗词，是被澄明

---

❶ 朱水涌，李晓红. 中国现当代文学［M］. 北京：科学出版社，2000：102.

与宣扬的经典，而没有进入教科书的诗词，是在教育教学领域中被遮蔽的存在。教科书所澄明与宣扬的重点在于：第一，有选择地再现社会现实：通过教科书中的诗词，人们可以看到诗词创作时期的社会现实。例如，封建时代的腐朽与衰败——战乱频仍、统治腐朽、民不聊生；国内革命斗争、抗日战争和解放战争时期，旧统治集团统治之下社会的黑暗和动荡；新的领导力量给人民带来的幸福与安定。旧社会的黑暗与新社会的光明，这是教科书所选诗词反映的主要社会现实。通过教科书的选择性，将新旧社会形成鲜明对比，强调社会发展的主流状态，不重视或忽略了社会发展过程中出现的繁盛时期。第二，构建诗人/词人的完满人格。咏物、咏史、咏怀，皆表达着诗人/词人的内心情感，反映了他们的人格特质。教科书所选择的诗人/词人，多为现实主义者，他们有着积极的入世情怀。例如：古代诗人心系国家、心忧苍生，期望能谋求官职实现政治抱负，或期望能上阵杀敌保卫国家平安；近现代诗人处于革命战争年代，对旧中国的凋敝与黑暗表示愤懑，对日寇等敌人的残暴则坚强不屈，为争取光明新生活而不懈斗争，并对新生活感到欢欣。教科书中的诗词表达了诗人/词人的入世情感——改造旧社会、建设新社会的坚强决心和坚毅斗志。在表达入世情怀之时，诗人/词人的情感是积极的、奋发的。例如，古代诗人实现政治抱负的重要途径是走上仕途，然而杜甫、李白等诗人却在官场屡屡失意，甚至遭到贬谪。尽管仕途坎坷，诗人失意却不失志，不论居庙堂之高还是处江湖之远，总心忧国家与人民。近现代诗人，面对腐朽得如同一沟死水一般的社会现实，发出了改造旧社会的坚强决心；面对日寇的蹂躏，吹响了战斗的号角。总之，通过教科书中的诗词，可以看出诗人／词人总是以积极奋进的入世情怀，表达着治国平天下的远大抱负。诗人／词人的优秀人格得到了集中体现。正是通过对诗词的选择，某些情感与价值得到展现与宣扬，而某些情感与价值则被遮蔽。通过诗词教育，诗词中蕴含的主流价值观被逐渐传递给学生。

三、社会控制的表现：群体性记忆与想象的形成

典律（canon）的意义一直在改变，适用范围也一直在扩大，唯一不变的是它的权威性与规范性。今天，文学典律最直接的界说是指学校用的文学教科书。它包括被研读的文学作品以及文学史或文学概论所提到并推荐的作品、作家。透过文学教育，规范着我们何者为有教养的文学？何者为严肃文学？在研读文学作品中应发展出何种文学品味……文学教育使接受此教育的人，拥有一套比较细腻、复杂，可用来品味感情、道德、价值的共同语言（包括：词汇、引喻、举例等）因为文学教育的权威性与规范性使然，受此种教育者，经常在品味、感情、道德、价值的倾向上，有相当程度的一致性。❶

在诗词教育中，这些经过甄选的、蕴含了种种价值内涵的诗词被作为教育内容，影响了一代又一代学生。学生反复地研读教科书，背诵教科书中的这些诗词经典。在学习与背诵的过程中，不仅记住了优美的诗句，更记住了什么是值得记忆的经典，记住了诗词所呈现的旧社会和新社会，记住了诗人的人格

---

❶ 许经田. 典律、共同论述与多元社会 [J]. 中外文学，1992，21（2）：23.

与中华民族的精神。除此之外，学生还能逐步领会到什么是严肃的文学，什么是积极的世界观、人生观与价值观，从而形成共同的品味与情感，形成对民族、国家与社会的强烈责任感。因此，诗词教育不仅是文学教育，更是价值观教育。学生学习诗词不仅能形成对优秀文学与文化的记忆，更能形成关于经典以及经典精神的记忆与想象。由于教科书使用的广泛性，以及学校教育的相似性，学生所形成的这种记忆与想象，并非限于学生个体中，而是学生群体共同具有的。因此社会控制的效果表现为学生群体所共同形成的关于主流价值观的群体性记忆与想象。

从深层次而言，学生的群体性记忆与想象的形成意味着社会主流价值观得到维护与传承，也就是说，学生群体所形成的共同记忆与想象是社会控制效果的主要表征。社会控制有三层含义：第一层含义是矫正，即对偏离"常态"（或统治阶层统治要求）的社会行为、价值观或社会结构进行矫正，使它们回到统治阶层维护统治秩序所需要的状态中，例如对越轨行为的控制等；第二层含义是维护，即对符合统治阶层意愿的现存社会秩序或社会结构进行维护，维持社会的良性运转状态；第三层含义是引导，即对社会行为与人们的思想观念的发展方向进行引导，使之符合统治阶层的发展要求。诗词教育的社会控制方式主要是正面的维护与引导，即维护现存文化与社会秩序，并引导学生的思想与行为发展方向。一方面，通过对教科书中的诗词作品进行精心的价值选择，传统文化的精华得以保存，并通过学校教育得以传承。由此，对经典诗词的认定与传承使文化秩序得到稳定。而进行文学经典教育，学生内化这些经典并具有了文化资本，借助教育的分流与筛选，学生进入社会的各个领域。凭借文化资本的作用，现有社会秩序得到维护。另一方面，教育的社会控制不是对失范行为的事后矫正，也不仅仅是停留在对现实社会状态的维护，它更是对社会运行主动权的把握，这种主动作用主要就体现在社会控制的"引导"层面。通过诗词作品进行文学经典教育，引导学生去认识什么是值得学习的经典作品，什么是有价值的、严肃的文学，应该形成什么样的价值观。以诗词教育为代表的文学经典教育，不仅是将一套固定的价值标准灌输给学生，更是引导学生按照社会统治阶层的意愿，掌握判断与选择价值观的能力。通过学校教育对学生思想与行为发展方向的引导，既维护了现存的社会结构与秩序，又引导了社会成员的发展方向，实现着对社会运行主动权的把握。因此，以经过价值选择的诗词教育文本对学生进行教育，促使学生形成群体性记忆与想象。群体性的记忆与想象，实质是社会主流价值观得以维持和传承的表征，是社会良性运行的重要依据，因而是社会控制效果的表征。

第三章　诗词教育的解读文本与社会控制

　　诗词篇幅短小，意象朦胧，但却能表达诗人/词人丰富的情感。诗词理解之难，在于情感的丰富与句子的简约与朦胧。因而对于诗词的理解，向来也是"百家争鸣，百花齐放"。阅读诗词，不仅是欣赏其结构之美、韵律之美，还在于体味其中的情感之美，因此，读者需要于字里行间探寻诗人/词人所抒发的情感。诗词教育，亦需对选入教科书的诗词进行一定阐释，化朦胧为清晰，才能使学生欣赏到美并受到美的熏陶。

　　哪些文本是引导学生解读诗词内涵的重要文本呢？一方面，"诗无达诂"，对诗词的理解可以是多角度、多内涵的，不同学生对诗词的理解也可能不同。考虑到学生的知识水平、理解能力与社会阅历等多方面原因，学生需要在教师指导下才能更深入领会诗词内涵。然而，教师对学生的指导并非随心所欲的，教师要依据教师教学用书来指导学生解读诗词。因此，教师教学用书是教师解读诗词的重要依据，从而也是学生解读诗词的重要来源。另外，除了教师教学用书中诗词内涵的全面解读外，教科书中的课后思考与练习的设置、教师教学用书中对习题的解答，都引导着学生解读诗词内涵。因此，教师教学用书的诗词解读和教科书课后习题的设置以及对它们的解答，都是引导学生理解诗词的重要文本。在对教科书中的诗词进行分析、探讨诗词经典化与价值选择之基础上，本书还将分析教师教学用书中的诗词解读，以及教科书中的习题设计和教师教学用书中的参考答案设置，以进一步探寻诗词解读中所蕴藏的教育意图。需说明的是：不可否认，教师教学用书的诗词内涵解读是丰富的，有从文学角度所进行的多方面阐释；但诗词解读并不是价值无涉的过程，被视为权威的、标准的解读答案并非是客观的、唯一的真理。本书仅仅从社会控制的视角出发研究诗词解读，意在揭示诗词解读文本蕴藏了什么价值，它如何推进了社会控制功能的实现。

第一节　教师教学用书中的诗词解读

一、解读的重点：思想主旨

诗词蕴含着丰富、深厚的情感。诗词言简意丰，而人们的经历、感受和视角却又不同，这造成对诗词思想内涵的多样化理解。教师教学用书的详尽阐释，引导着教师解读诗词，规范着什么思想才是值得传递给学生的思想。因此，教师教学用书中的诗词解读，是对学生多样化的诗词解读的引导、规范和统一。作为教师教学的主要参考书，教师教学用书中当然涉及对诗词的文艺性解读，但更注重对诗词的思想性解读。正如前文对教科书所选诗词篇目分析所指出的，教科书中所选择的多为蕴含了丰富思想内涵、表达着社会性情感的诗词。在教师教学用书中，这些诗词的思想内涵得到深入、透彻的阐释而更加明朗化。通过阐释诗词的思想内涵，发掘出具有教育意义的优秀内涵，从而给学生以正面影响和教育，这是诗词解读的重要价值与意义。对诗词思想精髓的解读贯穿教师教学用书的诗词解读的始终。例如，教师教学用书中对诗词思想内涵的描述❶有：

> 《青纱帐——甘蔗林》体现了革命战争年代和社会主义革命与建设时期的内在联系，歌颂了继往开来、代代相传的革命传统，抒发了对老一代永葆革命青春，新一代健康成长，新老两代并肩战斗，建设与保卫祖国的欣慰之情。

> 诗（《采薇》）中抒情主人公的感情丰富、复杂。由于归期一拖再拖，加之无法向家里人传递问候，他非常思念家乡，内心痛苦至极。不过，他在战斗中毫不懈怠，并对己方的装备大加赞美，表现出一种自豪感。走在回乡的路上时，他并没有感到轻松和喜悦，相反，他的心被沉甸甸的悲哀压着。思念故乡、牵挂亲人的情感，与抵御外敌入侵、保家卫国的情感交织在一起，分不出孰轻孰重。❷

教师教学用书中，总是如此详尽地阐释诗词的思想内涵，并对诗词进行层层剖析，阐明这些思想内涵是如何在诗词中得到体现。为了详尽阐释诗词的思想内涵，教师教学用书中常常用较大篇幅介绍诗词创作的历史背景、诗人的生活经历等。例

---

❶ 在本章中，引用了教师教学用书中许多内容作为论据。教师教学用书中还有许多内容与这些被引用的内容相同或相似，出于研究需要，不能一一列举，仅撷取部分内容以揭示教师教学用书诗词解读的特点。

❷ 普通高中课程标准实验教科书语文必修 2 教师教学用书 [DB/OL] . http://www. pep. com. cn/gzyw/jszx/kbjc/bx2/jsys/200810/t20081010_ 522046. htm, 2008 – 10 – 10[2009 – 01 – 10] .

如：在古典诗词方面，详细介绍与诗词创作相关的晚唐历史、李杜的生活经历等；在新诗方面，详细介绍北伐战争、抗日战争、社会改革与建设的历史背景等。对诗词历史背景的细述和对诗词思想情感的提升，使得教师教学用书中透射出生动的历史感和沉甸甸的政治感。教师教学用书不仅是对诗词进行解读，更是生动描绘中华民族从古代到近现代的历史进程，是反省历史进程中的民族苦难，是讴歌人民的不屈奋争精神。

教师教学用书中对诗词思想性进行深入阐释的效果在于，它的解读重点成为教师在课堂上进行诗词解读的重点。教师教学用书中的"教学指导""教学建议"等内容，引导着教师将诗词思想精髓的解读作为教学重点。通过教师的教学活动，书中所详细解读出来的历史感与政治感被传递给学生。例如，教师教学用书中的"教学要点""教学指导"和"教学建议"有：

　　　　了解古代社会中残酷的阶级剥削和阶级压迫以及被压迫者的反抗精神和对理想生活的追求。❶（《诗经》二首：《伐檀》《硕鼠》）

　　　　理解《梦游天姥吟留别》……通过丰富的联想来描绘梦境，以表达蔑视权贵的精神和豪迈的气概。
　　　　理解《茅屋为秋风所破歌》精选材料以表达中心思想

---

❶　高级中学课本语文第一册教学参考书［M］. 北京：人民教育出版社，1981：214.

的艺术特点，了解杜甫推己及人，关心民生疾苦的进步思想。❶

　　领会作者热爱革命圣地延安、热爱革命、热爱人民的深厚感情。❷（《回延安》）

　　教学《〈诗经〉三首》，要通过诗作体察我国西周和春秋时代……劳动战斗的生活现实，感受卫国战士英雄主义精神……教学《离骚》，要将体验屈原的爱国思想感情同鉴赏诗的艺术魅力结合起来。教学《孔雀东南飞》，要通过诗作体察……封建礼教毁灭恩爱夫妻的婚姻乃至生命的现实……教学《汉魏诗三首》……要体会政治家广纳贤才统一天下的宏愿壮志。❸

类似的教学指导与建议在教师教学用书中非常多，以上只是引用了一小部分简短的语句。可以看出，教师教学用书中，诗词思想主旨的解读是重点，对诗词基本知识、诗词艺术特点的解读，被作为理解诗词思想主旨的辅助而居于次要地位。作为教师的主要教学参考资料，教师教学用书通过教学要点、教学建议等，将思想解读作为教师课堂教学的中心，如此，实施

---

❶　高级中学课本语文第三册教学参考书［M］.北京：人民教育出版社，1981：153.

❷　初级中学课本语文第一册教学参考书［M］.北京：人民教育出版社，1981：67.

❸　全日制普通高级中学（必修）语文第三册教师教学用书［DB/OL］.http://www.pep.com.cn/gzyw/jszx/pg/jsys/dsc/，2005－02－24［2009－01－10］.

着对学生思想发展的引导和规范。学生在课堂上领悟到的，不仅仅是文学与艺术，更是文化与思想。

二、解读的情感：爱憎分明

所谓"解读的情感"指的是教师教学用书中的诗词解读呈现了什么样的情感特征，而不是指教师教学用书解读了诗词的哪些情感。教师教学用书作为无生命的物体不具有情感，书中文字所呈现出来的是编者的情感。因此，教师教学用书中的情感，实质反映着编者及其所代言的社会统治阶层的情感。教科书中所选择的是表达了社会性情感的诗词，这些诗词反映了奴隶社会、封建社会的腐朽，近代以来民族的苦难与不屈，以及新社会中人民生活的美好等。诗词中含蓄地表达出诗人/词人及生活在那些时代的人们的情感。教师教学用书的解读，将诗词中含蓄的情感明朗化。而教师教学用书在解读诗词情感时所表现出来的情感，也将编者及其代言的社会统治阶层的情感明朗化。教师教学用书中，常常以强烈的、爱憎分明的情感阐释诗词中的多样情感。教师教学用书中强烈的情感表达有如下几方面：

第一，强烈批判旧社会。

《石壕吏》："揭露封建统治者的残暴，对安史之乱中人民遭受的灾难表示深切同情。"●

《卖炭翁》："记叙了卖炭翁烧炭、运炭求售和炭被掠

● 初级中学课本语文第四册教学参考书［M］. 北京：人民教育出版社，1982：201.

夺的经过，反映了封建社会的黑暗现实和封建剥削的残酷。"❶

《兵车行》："这首诗描绘出一幅哭送士兵出征的悲惨图画。通过一个征夫之口，极其深刻地揭露了封建统治者穷兵黩武的罪行。"❷

《孔雀东南飞》："揭露了封建礼教破坏青年男女幸福生活的罪恶……充分暴露了封建家长制摧残青年的丑恶本质。"❸

《春鸟》："这首诗是对抗战时期国统区如'恶梦'一般的现实的控诉和抗议，同时也表达了诗人对自由的渴望，对美好生活的向往。"❹

《天上的街市》："用牛郎织女生活的幸福，反衬旧中国人间社会的痛苦，表达了作者对黑暗的旧社会的控诉，对人民苦难生活的同情。"❺

第二，热情讴歌新社会。

---

❶ 初级中学课本语文第二册教学参考书 ［M］. 北京：人民教育出版社，1982：158.

❷ 高级中学课本语文第五册教学参考书 ［M］. 北京：人民教育出版社，1984：122.

❸ 全日制普通高级中学（必修）语文第三册教师教学用书 ［DB/OL］. http：//www. pep. com. cn/gzyw/jszx/pg/jsys/dsc/，2005 – 02 – 24 ［2009 – 01 – 10］.

❹ 高级中学课本语文第五册教学参考书 ［M］. 北京：人民教育出版社，1984：38.

❺ 初级中学课本语文第一册教学参考书 ［M］. 北京：人民教育出版社，1981：8.

《雨说——为生活在中国大地上的儿童而歌》："这首诗写于20世纪70年代末，当时正值我国结束'文革'灾难不久而开始新的历史时期……经历十年浩劫后的中国，一切都开始显露生机，正如春雨降临大地，万物复苏……诗中的'雨说'，其实也就是诗人在说。这首爱之歌，是诗人对'生活在中国大地上的儿童'的祝福，也是他对中国美好未来的祝愿。"❶

《我为少男少女们歌唱》："诗人以'造成''希望''未来''正在生长的力量'代表革命圣地延安的新生活，象征革命的美好前途……表达诗人的革命激情。"

第三，高度赞扬人格精神。

《兵车行》："读完这首诗……能触摸到诗人那颗同情人民的火热的心……他敢于把战争的责任加在最高统治者身上，这样的勇气是当时众多诗人所不具有的……这正是杜诗人民性所在。"❷

《过零丁洋》："诗里叙述他（文天祥）的身世遭遇和眼见国家倾覆的痛苦，抒写他以身殉国的决心和崇高的民

---

❶ 义务教育课程标准实验教科书语文九年级上册教师教学用书［DB/OL］. http://www. pep. com. cn/czyw/jszx/tbjxzy/jsys/js/200703/t20070311_310498. htm, 2004－07－15［2009－01－12］.

❷ 全日制普通高级中学（必修）语文第五册教师教学用书［DB/OL］. http://www. pep. com. cn/gzyw/jszx/pg/dwc/dzkb/200412/t20041206_137999. htm, 2004－12－06［2009－01－12］.

族气节。"❶

《梅岭三章》："第一首……表现了革命者视死如归的
气概和除恶务尽的决心……第二首表达了作者对革命必胜
的坚定信念……第三首抒写了革命者以解放全人类为己
任，为实现共产主义而奋斗终生的崇高理想。"❷

《革命烈士诗三首》："认识革命烈士对祖国、对人民、
对党无限忠诚的崇高品质和为共产主义事业英勇献身的革
命精神。"❸

教师教学用书中的诗词解读重点在于批判旧社会、歌颂新
社会以及赞扬诗人人格精神等方面。批判与歌颂的重点选择，
已经体现了明显的价值取向特征。从上文所列举的部分语句可
以看出教师教学用书中诗词解读的爱憎分明情感十分显著。例
如，使用了"黑暗""残暴""残酷""悲惨""罪恶""罪
刑""高压""违反人性""丑恶本质""冷酷无情""控诉"
"极其深刻地揭露"等感情色彩十分强烈的词语来阐释诗词的
批判思想，使诗词的批判思想更加犀利、深刻；使用了"显露
生机""如春雨降临""万物复苏""新生活""美好未来"
"美好前途"等清新、舒畅的词语解读诗词对于新生活的描
绘，将诗词所表达的对新生活的热情展现得更加丰富与饱满；

---

❶ 初级中学课本语文第五册教学参考书［M］．北京：人民教育出版社，
1982：190．

❷ 初级中学课本语文第二册教学参考书［M］．北京：人民教育出版社，
1982：64．

❸ 初级中学课本语文第五册教学参考书［M］．北京：人民教育出版社，
1982：62．

此外，还使用了"崇高品质""崇高气节""英勇""无畏"等词语热情赞扬诗人的气节和品质。通过教师教学用书中充满强烈感情的阐释，诗词所包含的思想与情感被演绎得十分丰富与鲜明。书中的阐释，向教师和学生展开的社会图景是"黑暗的旧中国""完全丧失生命力"的旧社会，是"显露生机""万物复苏"的新社会，是为了打破旧制度而英勇不屈的人格。诗词解读的情感性阐释，体现出了对待旧社会和新社会的不同情感，这些情感会通过诗词教育渗透到学生意识之中，潜移默化地影响学生的社会态度与情感，引导学生的社会批判意识的方向。

三、解读的策略

为了使诗词具有更强的教育意义，除了详细解读诗词的思想内涵，表明鲜明的批判与赞扬立场外，教师教学用书中还采取其他"策略"来突出诗词的正面影响作用。

（一）将个体情感提升为群体情感

一首诗/词常描绘着一个事件、一种社会现实或一些情感。教师教学用书的诗词解读特点在于，将单个的社会事件扩展到社会视野和人类社会发展的进程来解析与评价，将诗人/词人或诗词中人物的个人情感升华为某些群体的共有情感。例如：

> 《孔雀东南飞》："实质上是整个封建社会青年男女被压迫的爱情生活的写照，而兰芝，则是封建社会里千千万万受侮辱、受虐待的妇女的代表……反映了刘兰芝和焦仲

卿的反抗精神和广大人民群众对他们的无限同情。"❶

《兵车行》:"读完这首诗,我们不仅可以看到整整一代人的深重苦难……"❷

《黎明的通知》:"表现了诗人对党领导的伟大斗争的坚定信心,同时也反映了广大人民群众期待反侵略战争取得最后胜利的强烈愿望。"❸

《我爱这土地》:"最后两句(为什么我的眼里常含泪水?/因为我对这土地爱得深沉……)是全诗的精华,它是那个苦难的年代,一切爱国知识分子对祖国的最真挚的爱的表白。这种爱……不仅来自诗人内心深处,更是全民族普遍的爱国情绪的浓缩。艾青以这两句诗,抒发了那个时代华夏儿女共同的心声。"❹

在解读诗词所传达的情感时,教师教学用书中常使用"千千万万""广大人民群众""整整一代人""华夏儿女""全民族""整个""一切""共同"等诸如此类的集合词。这样,诗词的思想内涵和情感意义不再局限于个人的小圈子,而是具

---

❶ 高级中学课本语文第一册教学参考书 [M]. 北京:人民教育出版社,1981:168.

❷ 全日制普通高级中学(必修)语文第五册教师教学用书 [DB/OL]. http://www.pep.com.cn/gzyw/jszx/pg/dwc/dzkb/200412/t20041206_137999.htm,2004-12-06 [2009-01-12].

❸ 初级中学课本语文第四册教学参考书 [M]. 北京:人民教育出版社,1982:64.

❹ 义务教育课程标准实验教科书语文九年级下册教师教学用书 [DB/OL]. http://www.pep.com.cn/czyw/jszx/tbjxzy/jx/jsys/200703/t20070311_310096.htm,2004-07-15 [2009-01-12].

有广阔的社会意义。在教师教学用书指导下进行的诗词教育，不再仅仅是通过解读诗词中所描绘的单个事件，使学生体会诗人/词人个人情感，更是通过解读深厚的社会历史使学生深切感受那一代人、那一类有志之士的赤诚之心，感受民族的文化与精神。将个体情感提升为群体情感的策略，使得诗词教育具有更强的思想教育意义。对学生思想发展的引导与控制，使诗词教育的社会控制功能更加明显。当然，必须指出的是，这些带有强烈情感的集合词语，在20世纪80～90年代的教师教学用书中出现比较多。进入21世纪以来，教师教学用书对诗词的解读也发生了细微的变化，不再如以往一般强化个人情感为群体情感，表现在用词上，更多地使用"诗人/词人""作者"等词语，分析"诗人""作者"的情感，诗人/词人作为广大人民群众的代表的身份被破解。教师教学用书的诗词解读开始逐渐回归到文学层面，注重对诗词本身和诗人/词人个体情感的解读。社会控制的力度由强转弱由此可窥一斑。

（二）化消极情感为积极情感

人皆有喜怒哀乐，诗词可以表达人们的多样情感。面对时事与人生，诗人/词人亦有悲喜之情。教科书中的诗词多表达了诗人/词人爱国忧民的情怀。从前文分析可以看出，教科书中诗人/词人的情感多是昂扬奋进的报国情怀和杀敌豪情。然而，面对易逝的岁月，心怀未酬的壮志，目睹家国的灾难，诗人/词人难免会生发出许多感慨，其中亦有消极之处。教师教学用书在解读诗词时，对于诗词中所显露的消极情感非常敏感，注重指导教师在教学中如何对待诗词所表达的消极情感。例如：

第一，指明诗词情感的消极之处。

《梦游天姥吟留别》："诗中所流露出来的'古来万事东流水''且放白鹿青崖间'之类的情绪，那是当时比较清高的封建士大夫所共有的思想，表现出他消极的一面。"❶

《雨霖铃（寒蝉凄切）》："抒情尽管真实，而情调也未免凄怆；对现实尽管忧愤，而意志未免消沉，这是受时代局限的反映。"❷

《扬州慢（淮左名都）》："作者既怨外敌的入侵，又伤国势的衰弱，思想感情达到了一定的高度。""但是，由于作者生活和思想的局限，反映在作品思想内容上，这首词尽管有一定的现实意义，而情调却过于低沉。与辛弃疾的《永遇乐·京口北固亭怀古》并读，可以看出其间差距，不只是风格不同而已。"❸

第二，化消极情感为积极情感。

《永遇乐·京口北固亭怀古》：" '凭谁问：廉颇老矣，尚能饭否'，乃全词主旨所在，要读出作者一吐胸中块垒

---

❶ 高级中学课本语文第三册教学参考书［M］. 北京：人民教育出版社，1981：158.

❷ 高级中学课本语文第五册教学参考书［M］. 北京：人民教育出版社，1984：126.

❸ 高级中学课本语文第三册教学参考书［M］. 北京：人民教育出版社，1981：128.

的英雄气概，不能把它看作悲观语或怨语。"❶

《短歌行》："诗的开头情绪稍嫌低沉，但整首诗的基调还是昂扬奋发的……诗人对人生的短暂发出感慨和忧愁，并要借酒浇愁。表面看写个人的感慨和忧愁，仿佛要放浪形骸，及时行乐，其实写一个大政治家祈求建功立业的广阔胸怀。"❷ "这首诗流露出对于生命短促的浓浓感伤，不过诗人没有陷在消沉的情绪中不能自拔，而在对统一天下的大业的追求中获得了超越。"❸

《念奴娇·赤壁怀古》："最后的感慨语（'人生如梦'）尽管含有消极情绪，也应读得洒脱，不要当作低调处理。""词中抒发的是郁积在他胸中的块垒，然而格调是豪壮的，跟失意文人的同主题作品显然不同……有人说，词的最后一层含有消极成分，与上述豪壮情调不合，其实，'多情'是古代诗词中的一个常用语，有多种含义，这里主要是指词人建功立业的愿望。'白发'固足已使人生悲，但正如唐代诗人岑参所说：'白发悲花落，青云羡鸟飞。'这种悲是因为尚未实现青云之志。'人生如梦'则是词人在遭受压抑情况下的自慰之词，但他并未想到及

---

❶　全日制普通高级中学（必修）语文第三册教师教学用书［DB/OL］. http://www.pep.com.cn/gzyw/jszx/pg/jsys/dsc/200703/t20070314_334896.htm, 2005－02－24［2009－01－13］.

❷　全日制普通高级中学（必修）语文第三册教师教学用书［DB/OL］. http://www.pep.com.cn/gzyw/jszx/pg/jsys/dsc/, 2005－02－24［2009－01－13］. 文字下的线条为笔者所加，下同。

❸　普通高中课程标准实验教科书语文必修2教师教学用书［DB/OL］. http://www.pep.com.cn/gzyw/jszx/kbjc/bx2/jsys/200810/t20081010_522043.htm, 2008－10－10［2009－01－13］.

时行乐，他的'一尊还酹江月'不过是要向'江月'倾诉壮志难酬的苦闷。统观全词，可以说豪放中略见苍凉，而苍凉只是豪放的补充，二者并不矛盾。"❶

从以上例子可以看出，在教师教学用书中，诗词所流露出来的消极情感被进行了仔细剖析：或指出诗人/词人情感的局限性，承认诗词确实表达了一些消极情感；或重点强调诗人/词人没有沉浸于消极情绪之中，而是在消沉中得到积极升华；指引教师在教学之时，不应将诗词中的消极情感看做悲观之语，不能强调诗人/词人流露出的一些消极情绪，应当从积极角度对诗词及诗人/词人的情感进行解读。可以看出，在对诗词中所表达的消极情感的处理上，教师教学用书中常采取相似的指导角度，分析诗人/词人的消极情感，是为高扬他们的积极情感作铺垫，着重指出他们并没有沉浸于消极情绪之中，并以其积极高昂的情感来振奋学生。教师教学用书正是这样从多个角度来论述诗人/词人的情感，重视对诗词中的消极情绪进行细致分析，以说明诗人/词人忧愁却并不颓废，遭受压抑却不自甘堕落。这样，既高扬了诗人/词人的优秀人格，又尽量引导学生从积极层面理解他们的情感，激发学生产生积极情感。

总之，对于诗人/词人流露出的感怀情绪，教师教学用书中给予了细致、谨慎的解读，将诗人/词人所表达的消极情感

❶ 全日制普通高级中学（必修）语文第三册教师教学用书［DB/OL］. http://www. pep. com. cn/gzyw/jszx/pg/dsc/jsys/200703/t20070314＿334896. htm, 2007－03－14［2009－01－13］.

阐释为本质上是积极的情感。教师教学用书解读策略的作用在于：一方面，使诗人/词人的人格更加完满。通过阐释，展现出诗人/词人的忧愁是忧国忧民、壮志未酬的忧愁，而不是一己之悲愁。诗人/词人不是及时行乐、借酒浇愁，他们的情感是在抒写块垒之后，在对未来的追求中得到积极升华。因此，诗人/词人的形象，是摆脱了个体悲愁、摆脱了消极情绪困扰的形象。由此使得诗人/词人的人格更加完满和丰富。另一方面，通过对诗人/词人人格以及诗词情感的正面阐释，能引导教师知道如何以诗词的积极情感教育学生，防止教师将某些情感做低调处理。化消极情感为具有积极意义的教育影响，能避免学生陷于消极情绪并使其受到积极鼓舞。这样，诗词教育既是优秀人格教育，也是对学生积极向上情感的培育。然而，值得深思的是，通过教师教学用书的诗词解读，呈现在人们面前的往往是具有完满人格的诗人/词人，这种具有教育意义的完满人格，是否是一种片面的强调或附加？人格形象是否被风干而失去了丰满的多样感情？

第二节　教科书课后习题的解读

课后习题是教科书中不可或缺的部分，简短的几道题目实则蕴含着编者的"良苦用心"。针对诗词所设置的课后习题，主要包括两方面内容：其一是对诗词文艺性的考察，包括文学基本常识、对诗句意思的理解等；其二是对诗词思想性的考察，包括考察诗词所揭示的社会问题、诗人的志向和意志等方面。课后习题的设置，不是单纯的课后"余思"。它是编者教育意图的进一步体现，是训练学生形成对于诗词的"正确"理解的主要途径。通过对教科书中所设题目及教师教学用书中所作的解答，可以看出其中的社会控制意图。

一、习题设置

（一）设问重点：深刻内涵

教科书中，针对每一首诗/词都设置了课后思考与练习，习题内容的重点在于引发学生思考诗词的深刻内涵。例如：

第一，考查学生对诗词所揭示的社会现实的理解。

《孔雀东南飞》"这首诗反映了怎样的社会现实？"❶

《兵车行》"这首诗的深刻意义并不限于反映眼前所见的事。试说说它揭露了怎样的社会现实，作者对这样的社会现实持怎样的态度。"❷

《江南逢李龟年》"'落花时节又逢君'除了写出跟友人重逢的时间外，还表达了怎样的思想感情？"❸

第二，考查学生对诗人/词人情感与品质的理解。

《木兰辞》"写木兰代父从军，立功后不接受奖赏而还乡，表现了她怎样的思想？"

《十一月四日风雨大作》"'铁马冰河入梦来'抒发诗

❶ 高级中学课本语文第五册（必修）[M]．北京：人民教育出版社，1995：76.

❷ 初级中学课本语文第五册 [M]．北京：人民教育出版社，1984：167.

❸ 初级中学课本语文第三册 [M]．北京：人民教育出版社，1987：249.

人怎样的思想感情?"❶

《涉江》"这首诗表现出屈原怎样的高贵品质和思想感情?"❷

第三,考查学生对于诗词所蕴含的深刻教育意义的领悟。

《有的人》"这首诗热情地赞颂了伟大的共产主义者鲁迅的'俯首甘为孺子牛'的革命精神,无情地鞭挞了反动统治阶级的腐朽和骄横,启发教育我们应该做一个什么样的人?"❸

《革命烈士诗三首》"烈士们用自己的鲜血写出了对共产主义无限信仰和忠诚的壮丽诗篇,你读了这些诗,受到怎样的教育和鼓舞?"❹

从以上例子可以看出,教科书中的思考与练习题的重点在于诗词的深刻思想内涵与教育意义,对诗词语言文字、文学知识等文艺方面的设问只是点缀与辅助。这样编制习题的效果在于,通过对诗词思想内涵的设问,进一步引发学生关注和深入思考诗词所表达的深刻思想,防止学生囿于个人情感或表面现象的解读。通过对诗词进行相似的设问,逐渐引导学生形成对于诗词的固定解读和思考模式——社会层面、思想角度的深刻解读。

❶ 初级中学课本语文第三册 [M]. 北京:人民教育出版社,1987:289.
❷ 初级中学课本语文第六册 [M]. 北京:人民教育出版社,1985:169.
❸ 初级中学课本语文第五册 [M]. 北京:人民教育出版社,1984:67.
❹ 初级中学课本语文第二册 [M]. 北京:人民教育出版社,1987:13.

（二）设问方式："填空"与"证明"

对诗词的理解方式应是多元的、不受过多拘束的。但是，教科书中习题的设置，是以一种客观化的、单一的模式来引导学生理解诗词。在考察学生对诗词内涵的理解方面，设置了一些填空题，以封闭的方式设问开放性问题，留给学生固定的解答框架。例如：

《孔雀东南飞》："诗的结尾写兰芝、仲卿合葬后的情况，富有浪漫主义色彩，这样写，表达了＿＿＿＿＿。"❶

《革命烈士诗三首》："这三首诗表现了老一辈无产阶级革命家怎样的革命精神？"（填写下表）

	内容概括	表现的革命精神
第一首		
第二首		
第三首		

《观沧海》："表现诗人奇特想象的诗句是＿＿＿＿。这些诗句抒发了作者＿＿＿＿＿＿＿的思想感情。"

《石壕吏》："从'老翁逾墙走'可以看出当时征兵＿＿＿＿＿＿＿。"

教科书中除了设置"填空题"这种明显限定学生思维的题型外，一些看似"开放性"的问题，实质上也固定着学生如何

❶ 高级中学课本语文第五册（必修） ［M］. 北京：人民教育出版社，1995：77.

理解诗词内涵。例如：

> 《卖炭翁》："诗中描述一位卖炭老人烧炭、运炭和炭被掠夺的经过，从这里你能想象出当时广大劳动群众的痛苦生活吗？作者同情劳动人民的态度是怎样表现出来的？"❶

> 《大堰河——我的保姆》："诗人倾吐对大堰河的爱，这种爱是同黑暗社会（'这不公道的世界'）的恨联系在一起的。请找出表现诗人憎恨黑暗社会的诗段，说说起什么作用。"❷

> 《伐檀》："有人认为'彼君子兮，不素餐兮'没有讽刺的意思，而是肯定君子不白吃饭。你的看法怎样？为什么说这是讽刺不劳而获的剥削阶级的反语？"❸

> 《硕鼠》："用吞食谷物的大老鼠来比喻贪得无厌的统治者，《伐檀》从劳动者伐木的情景中引出对剥削阶级不劳而获的斥责，说说这样写有什么好处。"

> 《扬州慢（淮左名都）》："由于金兵入侵对扬州城的严重破坏，姜夔产生了悲凉痛惜的思绪。《扬州慢》是怎样表现这种思绪的？"❹

---

❶ 初级中学课本语文第二册 [M]. 北京：人民教育出版社，1988：244.

❷ 高级中学课本语文第四册教学参考书（必修）[M]. 北京：人民教育出版社，1995：186.

❸ 高级中学课本语文第五册教学参考书（必修）[M]. 北京：人民教育出版社，1995：54.

❹ 高级中学课本语文第六册教学参考书（必修）[M]. 北京：人民教育出版社，1995：153.

从以上例子可以看出，这些题目似乎是开放式的问答题，给学生留下了很多思考空间让学生自由想象，但细分析这些题目可以看出，它们仍然是"封闭式"的试题。在教科书中，这些习题通常由两部分组成，第一部分首先陈述"编者"的观点，铺陈对诗词内涵的正确理解。例如以上列举的题目中，通过"诗中描述了……""诗人倾吐了……"等话语来铺垫出对诗词的"正确"理解。在这些铺垫之后，题目的第二部分才进行设问，而设问的重点在于论证第一部分的诗词内涵陈述的正确性，因为答案其实已经预设在第一部分的陈述中。例如"请找出……诗段""这样写有什么好处"等设问方式，留给学生的是论证的空间。总之，课后习题设置方式的封闭性体现在：铺陈官方所认可的诗词内涵，以此限定学生理解诗词的方向和基调，同时，设置问题引导学生论证、证明前述内涵的正确性。利用习题进行训练，使学生逐渐将这些"正确"的理解内化为个人的理解。开放性的实质，却是封闭性和控制性。

二、习题解答：公共话语模式

从教师教学用书习题解答内容看，解答重点在于社会政治批判、伟大精神的赞扬和歌颂等方面。这是由于题目本身是对诗词深刻内涵的设问，解答也必然是针对这些方面的展开。如同教师教学用书在解读诗词时，对诗词的深刻社会背景、思想内涵进行富有强烈情感地、深入细致的解读一样，教师教学用书中设置的标准答案，也是富有强烈感情色彩的社会政治批判与个人、民族精神颂扬。

教师教学用书中的习题解答更重要的特点在于：习题解答的公共话语模式。公共话语模式"指在政治生活和社会生活中，以一种整齐划一的语言来消解和淹没个性化的、'琐碎的'、千差万别的言辞。"❶ 这种政治和社会生活中的公共话语模式也同样出现在了对学生的教育活动中。教师教学用书"习题解答"部分表现出了明显的公共话语模式。例如，某些习题的答案如下：

《梦游天姥吟留别》："表现人和自然间的斗争以及劳动人民改造自然的强烈愿望，赞扬了神力和开路者的勇力。"❷

《孔雀东南飞》："故事表现了具有巨大威力的封建家长制的冷酷与无情。"❸

《周总理，你在哪里》："这首诗通过人们热切地呼唤和山谷、大地、松涛、海浪、广场的回音，逐步地展现周总理与人民心连心的动人画面；歌颂了周总理为革命日夜操劳，为人民鞠躬尽瘁的崇高品质；表达了亿万人民无限怀念周总理的深厚感情。"❹

从以上例子可以看出，对习题的回答都采取了一种固定的

---

❶ 郑国民. 当代语文教育论争 [M]. 广州：广东教育出版社，2006：120.

❷ 全日制普通高级中学（必修）语文第三册教师教学用书 [DB/OL]. ht-tp：//www. pep. com. cn/gzyw/jszx/pg/dsc/jsys/200703/t20070314 _ 334899. htm，[2007－03－14] 2009－01－13.

❸ 普通高中课程标准实验教科书语文必修 2 教师教学用书 [DB/OL]. ht-tp：//www. pep. com. cn/gzyw/jszx/kbjc/bx2/jsys/200810/t20081010 _ 522044. htm，[2008－10－10] 2009－01－13.

❹ 初级中学课本语文第一册教学参考书 [M]. 北京：人民教育出版社，1981：160.

话语模式："这首诗通过……表现了……批判了……歌颂了……赞扬了……"以这种方式教育学生如何回答习题、如何思考诗词内涵，这种公共话语模式也逐渐渗透学生的思维中。学生欣赏和理解诗词的个性化语言和鲜活灵动的思想被淹没在这种整齐划一的公共话语模式中。

第三节　诗词解读与社会控制

一、诗词解读的特点：价值赋予

（一）诗词解读：价值赋予

诗词教育中，诗词解读与知识的价值赋予之间的关系尤为紧密。对文本的解读会受到解读主体价值倾向的影响。诗词形式之简短与其内涵深厚之间的"矛盾"，给人们留下了自由、广阔的解读空间。价值倾向介入诗词解读的过程，就是对诗词进行价值赋予的过程。"所谓价值的赋予，指对于某种知识加入特定的价值，使得知识含有相应的价值取向"。❶为了使教师在教育过程中获得一定指导，为了使学生更好地理解诗词内涵，教科书与教师教学用书编者需要对诗词内涵进行深入细致的解读。在解读过程中，编者可能采取的解读角度有：接受、采纳已被多数人认可的诗词内涵，将其作为对诗词内涵的正确理解；修改以往的诗词理解角度，对诗词内涵进行修饰与调整；对诗词内涵作出全新的诠释；等等。总之，编者对于诗词的解读，是在被多数人认可的诗词内涵上进行了修改、增删或

❶　张行涛. 考试的社会学概观［J］. 教育理论与实践，2000（3）：38.

重新诠释。这样，"某些意义和实践被当作重点选出，而另外的某些意义和实践则被忽略和排除。更重要的是，这些意义被进行重新解释、淡化或改变形式"。❶在这种重新解释、淡化或改变形式的过程中，编者的价值取向被有意或无意地渗入诗词内涵中，使诗词包含了相应的价值取向。由于教科书及教师教学用书的编者并非是独立的群体，他们身处一定的社会阶层，代表着该阶层的利益。因此，教科书及教师教学用书中诗词解读的价值赋予蕴含了社会主流价值取向。

从前文分析可以看出，诗词解读中的价值赋予主要体现在以下两方面。

第一，教师教学用书中，诗词内涵被进行了细致而深入的剖析，诗词被赋予了丰富的内涵。经过编者的加工与改造，这些内涵被附加了各种意义，它们具体而生动地体现出了社会主流价值取向。例如：诗词解读的重点在于诗词创作时期的历史背景、诗词的思想内涵，通过描述历史与解读诗词思想境界，使学生认清新旧社会的本质区别，感受诗词作者的爱国情感与奋斗精神；诗词解读的过程中，以爱憎分明的情感去解读诗词内涵，以引发学生的情感共鸣；此外，还通过提升个人情感为群体情感、化消极情感为积极情感等策略，突出、强化诗词的教育意义。经过如此这般解读的诗词，被赋予了丰富的教育意义，而其中某些教育意义并非诗词本身所具有的。

第二，除了教师教学用书中诗词内涵的全面解读是价值赋予的过程外，教科书中课后思考与练习的设置、教师教学用书

---

❶　迈克尔·W. 阿普尔，著. 意识形态与课程［M］. 黄忠敬，译. 上海：华东师范大学出版社，2001：5.

中的习题解答都体现出了对诗词的价值赋予，这一方面的价值赋予常常被忽视。设置什么问题来引导学生思考诗词的意义与思想内涵，设置什么样的"标准"答案来规范学生的理解，这都涉及如何解读诗词价值，如何对诗词附加更多价值使其具有丰富的教育意义。例如：教科书中的习题设问，在内容上主要针对诗词的思想内涵；在形式上采用"填空""证明"等方式固化学生的诗词解读方式；在答案设置上，以一种公共话语模式来规范学生的诗词解读话语；等等。

（二）价值赋予与社会控制

教师教学用书是教师课堂教学的重要参照资料，是师生理解诗词的最重要来源。它引导教师解读诗词，将某种价值观传递给学生。教师教学用书中通过详尽阐释与全面介绍诗词内涵，使书中的诗词解读成为法定的、权威的理解。通过诗词解读，社会统治阶层将其主流价值观与诗词的寓意相结合，借助于诗词的经典地位以及教科书和教师教学用书的权威地位，附加在诗词中的价值观成为不被质疑的、唯一的解读而深入学生心中。因此，教科书与教师教学用书具有权威地位，它们在很大程度上规定了何为对诗歌的"正确"理解。诗词教育就是深入细致的解读过程，也是严密而精致的价值赋予与价值传递过程。总之，在教科书诗词价值选择基础上，教师教学用书对诗词内涵的解读，是编者将社会主流价值观进一步融入教学中、传递给学生的重要途径，也是经过经典化的诗词（被选入教科书的诗词）进一步发挥其社会控制作用的重要途径。当社会主流价值观被细致而深刻地渗入诗词解读文本中，并通过教育活动传递给学生时，社会一致的意识形态才得到进一步维护，社会控制的效果才得以实现。

二、社会控制的策略：作者缺席与编者介入

　　经典是经过时间的沉淀而流传下来的。许多成为了经典的诗词，其创作年代已久远。作者的创作本意，只能从历史背景、诗词文字、作者心境等多方面去推测。诗词的"费解"，既给诗词内涵的解读提供了空间，也带来了难度。究竟作者的创作本意何在？人们很难探寻到所谓的完全正确的答案。解读者所认为的正确的理解，是否就是作者真实的想法，也无从可考。理解诗词是仁者见仁、智者见智。例如，李商隐的《锦瑟》一诗被选入语文教科书中，如何理解这首诗，教师教学用书中指出："《锦瑟》一诗，堪称李商隐诗集中的压卷之作。然而，对于这首诗的旨意，千百年来聚讼纷纭，莫衷一是……如果把古今关于《锦瑟》一诗的诠释和争论收集在一起，足可以编成一本厚厚的书。这首诗的立意究竟缘何？诗歌表达了怎样的情感？归纳起来，有悼亡说、恋情说、自伤身世说、寄兴说、诗集总序说等等。今天看来，我们自然不能说每一种说法都有道理，但也不能别黑白而定一尊。对诗意的理解，之所以有种种歧义，皆因这首诗意象朦胧，意境凄迷，古今读者都似雾里看花，难得真切。如果一定要给个说法，我们认为也不必……"● 尽管教师教学用书的编者认识到诗词理解的多样性，但仍然试图对许多诗词内涵作出详细的、唯一正确的解读。

　　● 普通高中课程标准实验教科书语文 3（必修）教师教学用书 [DB/OL]. http://www. pep. com. cn/gzyw/jszx/kbjc/bx3/jsys/200810/t20081010 ＿ 522075. htm, 2008－10－10[2009－01－15].

通过诗词解读实现社会控制的策略是：解读诗词内涵时，作者缺席、编者介入。作者叙事、抒情的寓意缺席了，作者创作诗词的本意已难以追寻。但是，编者并没有放弃作者，而是借助作者来表达自己的意图。在诗词解读过程中，借助于诗人/词人的地位与影响，编者及其所代表的社会阶层将社会主流价值观包装成为经典所固有的内涵。通过诗人/词人的地位以及诗词的影响力，使社会主流价值观经典化。"先秦儒家对《诗经》作品的理解开了这种'主观化'说诗的先河……诗歌对他们来说乃是一种带有某种权威性、神圣性的话语资源，利用它们可以使自己的言说更具有合法性。而对于诗义的把握则完全出于儒家价值观"。❶ 将诗词作为权威性、神圣性的话语资源，在当前诗词解读中仍然存在。例如，教师教学用书中常常作出如下的诗词解读。

《登高》："风急天高猿啸哀，渚清沙白鸟飞回。"这画面是惨淡的，它映照出诗人心上的凄凉；特别是"猿啸哀"和"鸟飞回"这两个细节，跟诗人素有的伤时感情联系起来看，简直就是包括诗人在内的千千万万个流离失所者的写照。

《石头城》："全诗句句写景，句句都融合着诗人的故国萧条之感。他写这首诗的主旨仍然是讽喻现实，即借六朝的灭亡来抒发国运衰微的感叹，希望当时的统治者能以前车之覆为鉴。"

---

❶ 李春青. 诗与意识形态——西周至两汉诗歌功能的演变与中国诗学观念的生成［M］. 北京：北京大学出版社，2005：3.

《念奴娇·赤壁怀古》："'人生如梦'是词人在遭受压抑情况下的自慰之词，但他并未想到及时行乐，他的'一尊还酹江月'不过是要向'江月'倾诉壮志难酬的苦闷。"❶

《渔家傲·秋思》："范仲淹……这种爱国、卫国的精神正是他虽然想家却又不甘无功而返的根本原因……这里的悲怆情调还含蓄地表达了作者对于朝廷腐朽、软弱，不修武备、不重边功的愤懑不平。"❷

《我爱这土地》："'我爱这土地'，表达了诗人对生他养他而又多灾多难的祖国的深沉的爱，这首诗抒发了那个艰苦的年代里，为祖国的独立自由而奋斗献身的华夏儿女的共同心声。"

《乡愁》："'乡愁'体现了诗人余光中思想中最执著的主导情感——中国意识。在诗中……'乡愁'……最终由个人的故乡之思上升为带有普遍意义的家国之思。"

《我用残损的手掌》："'残损的手掌'既是写实，又表明了诗人坚贞不屈的意志……表达了诗人对苦难中的祖国无法言说的感情……作者道出了对解放区的真挚情感，

❶　全日制普通高级中学（必修）语文第三册教师教学用书［DB/OL］. http://www. pep. com. cn/gzyw/jszx/pg/dsc/jsys/200703/t20070314 _ 334896. htm, 2007 - 03 - 14［2009 - 01 - 15］.

❷　义务教育课程标准实验教科书语文九年级上册教师教学用书［DB/OL］. http://www. pep. com. cn/czyw/jszx/tbjxzy/jsys/js/200703/t20070311 _ 310465. htm, 2004 - 07 - 15［2009 - 01 - 15］.

对祖国未来寄与了热切的希望。"❶

　　在教师教学用书中，这种诗词解读方式比比皆是。以上所列举的虽只是其中的一小部分，却能反映诗词解读的特点。从以上例子可以看出，诗词作者似乎并没有消失，诗词解读总是力图展示作者的思想。教师教学用书中常常出现的关键词有：诗人、作者、他……这体现出了编者试图以诗词作者本人的视角来揭示诗词内涵。然而，这些被揭示出来的内涵是否是作者真正要表达的内涵？尽管作者本人的创作意图无法得到确切地证实，但从书中所描述的诗作内涵看，这些内涵也包括编者及其所代表的社会阶层的思想观念。使用"作者表达了……""作者道出了……""表达了诗人……"之类的话语方式，实质上是将编者的思想包装为诗词作者的思想，通过编者与作者的结合，将社会主流价值观注入经典诗词作品中，借助于诗词的影响力维护社会主流价值观的合法性与影响范围。正如艾略特所说：

　　"即使诗（poetry）是'传达'的一个形式，该被传达的内容还是诗（poem）本身；其中若含有经验和思想，那只是偶然而已。诗的存在是在作者和读者之间的某个地方；诗具有一种现实，但并不单纯地是作者试想'表现'的那种东西的现实，或是他的写作经验，或是读者的或作为读者的作者之经验那种现实……我想用拜伦的《唐璜》

---

❶　义务教育课程标准实验教科书语文九年级下册教师教学用书［DB/OL］. http://www. pep. com. cn/czyw/jszx/tbjxzy/jx/jsys/200703/t20070311_ 310095. htm, 2004－07－15［2009－01－15］.

中的数行作为序诗：

有人指责我的奇妙的意图

Some have accused me of a strange design

违反此地的道德和信条，

Against the creed and morals of this land,

而在这诗篇中一行一行地追溯。

And trace it in this poem, every line.

我并不认为我非常明了

I don't pretend that I quite understand

我自己的意思

My own meaning

当我写出很美妙的句子；

When I would be very fine;

但是事实上我并没有什么计划

But the fact is that I have nothing planned

除了也许追求瞬间的快乐……

Except perhaps to be a moment merry......

在这些诗行中含有某种从批评上看来有益的教训。但是一首诗并不就是诗人所'计划'的或者读者所设想的东西，它的'效用'也不完全限于作者所意图的或者它所实际给予读者的东西。"❶

从艾略特的观点可以看出，诗词有不可解之处，而且诗词

---

❶ 艾略特，著. 诗的效用与批评的效用 [M]. 杜国清，译. 台北：纯文学出版社有限公司，1983：17 - 18.

的效用也不局限于作者的意图。教师教学用书的诗词解读，正是试图还原不可解的作者意图，并将编者的意图包装为作者的意图，从而发挥诗词所具有的效用。正是通过使诗词作者缺席但又在场的方式，编者的意图介入诗词内涵中，诗词解读发挥着社会控制的效用。

三、社会控制的表现：群体性记忆与想象的深化

经过价值选择的诗词教育的阅读文本，是学生群体性记忆与想象形成的重要文本依据。但教科书中所呈现的诗词过于简短，它们只有被深入解读之后才能更好地发挥其教育功能。因此，经过价值赋予的诗词教育的解读文本，使诗词内涵得到全面阐释，也使诗词负载丰富的教育意义。依据诗词教育的解读文本进行诗词教育，能推进学生群体性记忆与想象的深化。

诗词文本选择给予学生记忆的文本，诗词解读则引导着学生想象的发展。雪莱曾说，诗是想象的表现。车尔尼雪夫斯基也说过，一切其他艺术所告诉我们的甚至不及诗所告诉我们的片鳞半爪之多……一切所有艺术，像活的现实一样，直接作用于我们的感觉，诗则作用于想象。诗词教育，既要使得学生记住民族文化的精髓，更要发展学生的丰富想象能力，使学生展开想象的翅膀。从前文对诗词解读的分析来看，教师教学用书对诗词创作的历史背景进行了详细描述，对诗词的思想内涵进行了全面解读，对诗人/词人的人格特征也进行了细致描绘。作为教师教学的主要参考和依据，教师教学用书中的解读成为教师的教学指引，因而这些解读在很大程度上规范着学生对于诗词的理解和想象。一方面，诗词解读规范着学生想象的内容：想象着极度腐朽的封建旧社会，想象着炮火连天的战争年

代，想象着昂扬奋进的新时期，这样的场景成为学生对于过去的主要想象，也成为学生对于诗歌情感与诗人情怀的主要想象。另一方面，诗词解读也规范着学生想象的方式——这些诗词反映了……表达了……揭示了……学生对于诗词所能有的想象，就被规范在这样的框架之下，思不出位。学生只能，也只会以这样的方式去展开想象。诗词解读所培养的学生的想象，并非只是单一个体的想象，而是学生群体所共有的想象。在教师的教学引导和各种考评机制的制约下，学生群体性地展开这样的诗词想象。从深层次而言，学生群体性记忆与想象的深化意味着社会主流价值观被进一步地认可与内化，也就是说，诗词解读进一步强化与扩展了诗词选择所实现的社会控制。如果说诗词选择给学生群体性记忆与想象的形成提供了蓝本，那么，诗词解读则是将这个蓝本进一步丰富与细化，将社会主流价值观进一步与诗词文本融合，从而深化学生群体性记忆与想象，将他们的思想观念引导到与社会要求相一致的轨道上，实现非强权的、精密的社会控制。

　　总之，通过教科书诗词内容的选择和教师教学用书的诗词解读，学生群体形成一些共有的记忆，发展着共同的想象力。编者借助于对社会现实的有选择呈现，固化了学生对于社会历史与现状的认识；通过对诗人/词人人格和民族精神的宣扬，培养了学生的意志品质和对国家、民族的情感。由此，社会主流精神与价值观得到传播，并深深扎根于学生群体的心中。社会一致意识形态在学生群体中的稳定与发展，是社会运转的重要支撑。诗词教育的阅读文本与解读文本之所以能发挥社会控制功能，便在于它对主流价值观的保存、传递的权威作用，以及通过知识与价值观的传承所达至的社会意识形态的维护与巩固。

第四章　诗词教育社会控制功能之评价与反思

第一节　诗词教育社会控制功能的特点

一、社会控制的方式：柔性的强权

社会控制的方式主要有两种：一种是利用物质力量、威慑力量等强制手段进行控制，例如镇压性国家机器，包括政府、行政机关、军队、警察、法庭、监狱等，它们是由国家直接控制，并且能够有效地使用强制性力量；另一种控制方式是利用精神、意识形态力量进行控制，通过使大众接受或认同某些观点进而从思想、精神方面对大众进行控制，例如通过道德、信念、信仰的力量进行控制。

教育的社会控制功能的发挥，不是通过赤裸裸的暴力或强制性力量，而是借助精神力量的"柔性的强权"。诗词教育中，利用经过社会统治阶层价值选择与价值赋予的诗词经典对学生的思想意识进行引导，使学生形成较一致的思想意识，促进群体性意识的形成，从而达到社会控制目的。例如：教科书中的古典诗词传达了儒家思想和中国传统思想的精华，如入世与济世、忧国忧民、忠心报国的精神，襟怀开阔、矢志不渝、淡泊明志的人格等；教科书中的新诗也传达了诗人及社会革命者与建设者的精神，如热爱祖国、坚定理想、疾恶如仇、顽强抗争的豪情等。正如前文所指出的，社会控制并不是一个消极概念，不是指对学生的"残酷"控制。教科书中的诗词所传达的积极精神，正是社会控制的积极内涵的表现。以积极的、优秀的诗词鼓舞、教育学生，使学生养成对现实社会的关注和投入，培养对社会现实的积极情感，并养成良好的人格。通过在思想、精神层面的积极控制，使学生群体焕发出气质与活力。社会一致的思想意识保障社会积极、稳定、有序地发展。

二、社会控制的机制：共谋与认同

社会控制不是借助于强制性力量，而是通过文化符号来实施的思想控制。布迪厄指出："任何符号支配都预先假定，在受制于符号支配的社会行动者那里，存在某种形式的共谋关系，这种合谋既非被动地屈从于一种外在的约束，也不是自由地信奉某些价值……符号暴力的特殊性恰恰在于这样一个事实，即它要求那些受符号支配的人具有一种态度，这种态度使自由和约束之间的那种寻常的对立站不住脚。"❶ 因此，社会控制不是与自由相对应的约束，而是控制者和被控制者的"共谋"；不是外在的强迫，而是内心的认同。

学校教育中，教师作为社会统治阶层的代表，将控制者的价值观传递给学生。在"被控制"的过程中，学生没有明显的反抗和拒斥，而是服从于控制，或自觉地将"控制"施加给自己，成为社会控制发挥作用的"共谋"者。例如，学生将教科

---

❶ 布迪厄，华康德，著.实践与反思——反思社会学引导［M］.李猛，李康，译.北京：中央编译出版社，2004：318.

书中的诗词视为权威的经典，将教师的讲解视为标准解读，按照教师要求背诵诗词，并将教师传授的价值观转化为自己的价值观，此外，学生还依照考试与评价的反馈调整学习。在通过教育发挥社会控制功能时，学生很少怀疑与反抗，而是认同与"合作"。当然，这种"共谋"有很大程度的集体无意识成分，但结果却是使得社会控制的力量温柔地发挥作用，社会控制的目标顺利达到。学生为何参与社会控制的"共谋"，为何"愿意"被控制，这是多种因素共同作用的结果，后文将对这些影响因素进行深入分析。

三、社会控制的强度：强控制向弱控制转化

（一）从诗人/词人与诗词流派看：现实主义与非现实主义流派

从教科书中的诗人/词人与诗词流派分析可以看出：第一，古典诗词中杜甫诗歌入选篇目及次数都居首位，苏轼、辛弃疾、白居易等人创作的关注家国社稷、民生疾苦的现实主义诗词也处于重要地位。其他非现实主义诗人或婉约派词人在教科书中受重视的程度远不及他们。第二，入选教科书的新诗作者多为战斗的诗人或现实主义流派的诗人，如艾青、臧克家、贺敬之等，他们看透了旧中国的黑暗与穷苦，以诗歌为武器，鞭挞旧社会和侵略者，号召、鼓舞人民为争取新生活而奋斗。现代新诗流派众多，有追求格律的新月派、以个体生命和个人情感为中心的现代派、强调意象神秘性的象征派、意象含蓄的朦胧派等。教科书偏重现实主义诗人与流派的单一取向，使诗词的繁华变得单一。教科书的偏好，决定着学生的视野，影响着学生的喜好。崇尚现实主义诗人与流派，体现了社会控制的强

控制取向。通过将学生的视野调整到现实主义诗人与流派，使学生接受现实主义熏陶，逐渐形成关注现实的情怀。

尽管这四套语文教科书跨越了 20 多年的时间，但现实主义诗人与流派在教科书中的重要地位仍然非常稳固，社会控制的强控制取向一直占主导地位。当然，近年来，社会控制强度也有一定的转弱迹象，表现在：古典诗词中逐渐增加了非现实主义诗人与婉约派词人的诗词，例如李清照的词入选篇目及入选次数逐渐增加；新诗中，在实验版教科书中，首次增加了现代派诗人戴望舒、卞之琳等诗人的诗歌。这些变化多出现于 2000 年版及其以后的教科书中，注重呈现较丰富的诗人群体和诗词作品体现了社会控制的强度逐渐转弱。

（二）从诗词主题看：社会性情感与个人性情感

从对教科书的文本分析可以看出，教科书中多是表达社会性情感的诗词，例如古典诗词主要表达诗人/词人对统治腐朽、战乱频仍、民不聊生的社会现实的痛斥，新诗主要表达诗人对于充满战争与苦难的民族的呐喊，表达亲情、友情、爱情等个人性感情的诗词较少。诗词主题选择体现了强控制倾向，但这种强控制也在逐渐减弱。这里以《诗经》中的作品入选教科书的情况为例，说明诗词主题的选择如何体现了社会控制强度的变化。

表 4 - 1　人民教育出版社四套语文教科书中的《诗经》篇目

篇目	内容/主题	教科书的版本
《魏风·伐檀》	讽刺奴隶主阶级的剥削压迫	1981 年版、1987 年版
《魏风·硕鼠》	讽刺奴隶主阶级的剥削压迫	1981 年版、1987 年版
《王风·君子于役》	妻子怀念行役无期不能归家的丈夫	1981 年版、2000 年版
《周南·关雎》	青年对容貌美丽姑娘的爱慕和追求	2000 年版、实验版

续表

篇目	内容/主题	教科书的版本
《秦风·蒹葭》	对美好爱情的执着追求和追求不得的惆怅心情	2000年版、实验版
《卫风·氓》	在婚姻中被遗弃的古代妇女	2000年版、实验版
《秦风·无衣》	保家卫国、对敌作战的古代军歌	2000年版
《邶风·静女》	男青年热烈而纯朴的恋情	2000年版
《小雅·采薇》	戍守边防的将士的艰辛生活和思归情怀	实验版

　　《诗经》是我国最早的诗歌总集，儒家将其列为经典之一，而今仍是重要的教育资源。《诗经》反映的社会生活内容丰富，包括天文地理、政治经济、祭祀典礼、战争徭役、燕飨欢聚、狩猎耕耘、采摘渔牧、君王贵族、将军大夫、君子淑女、农妇商贾、游子隐逸、宠姬佞臣、初恋思慕、闺怨春情、幽期密会、祈祷祝愿……从表4-1可以看出，20世纪80年代以来，这四套语文教科书中共选择了9首《诗经》中的诗歌作为教学内容。1981年版和1987年版教科书中，主要选择了《魏风·伐檀》《魏风·硕鼠》《王风·君子于役》3首诗，它们表达了人们对于剥削压迫的痛恨和对战争行役艰辛的忧伤之情。除了这3首诗歌外，《秦风·无衣》《小雅·采薇》也表达了人们对于战争行役的情感。总之，《诗经》中关于奴隶社会统治与战争主题的篇目是科书中的重点，它们成为教育一代又一代人的范本，培养学生的政治态度与情感。因此，《诗经》教育表现出了较强的社会控制取向。从表4-1还可以看出，从2000年推行全国的新课程改革开始，教科书中《诗经》篇目的选择逐渐多元化，除了关于政治统治与军事战争的主题之外，还选择了以表达爱情为主题的诗词，如《周南·关

雎》《秦风·蒹葭》《卫风·氓》以及《邶风·静女》。由此看来，从 2000 年开始的新课程改革以来，教科书中诗词的选择更加多元化，教科书的社会控制取向逐渐由强控制走向弱控制。

（三）从诗词解读看：控制与开放

诗词解读指教科书、教师教学用书中的阐释，也指教师在课堂教学中对诗词的讲解（本研究主要对前者进行分析）。教科书与教师教学用书作为法定文本，其权威性定下了教师解读的基调，而教师作为课堂上的权威，他们在课堂上对诗词的讲解引领着学生对诗词的理解。学生对于诗词的理解，是被引导、被控制的理解。书本与教师的解读，替代了学生自主的解读而成为学生所接受与内化的解读。从前文对诗词解读的详细剖析可以看出诗词解读的强控制取向。正如教科书中诗词选择出现了从强控制向弱控制转变一样，对诗词的解读也逐渐走向开放。以新诗为例，由于新诗形式和内容较之古典诗词更自由和开放，新诗的内涵也更加丰富和模糊，对新诗的理解也因此表现得多元化。编者逐渐"尊重"新诗的这些特点，注重对诗词的开放式解读。现仅以《断章》和《雨巷》两首新诗中的部分阐释为例管窥新诗解读的开放性。

例 1：《断章》：

断　章

卞之琳

你站在桥上看风景／看风景的人在楼上看你／明月装饰了你的窗子／你装饰了别人的梦

对于这首很多人耳熟能详的诗，历来有着不同的理解。教科书（实验版）在"研讨与练习"部分设置了这样一道题目：

有人说《断章》是一首抒情诗，还有人说它是一首哲理诗，你说呢？

在与该教科书配套出版的教师教学用书中阐述了为什么这首诗可以被视为哲理诗，同时又指出：

当然，也可以把这首诗当作情诗来读，这更符合中学生的心理特点，也更能引起他们阅读和探究的兴趣。❶

由此看来，编者开始注重对诗词的多元化理解，也注重学生的学习特点。

例2：《雨巷》：

撑着油纸伞，独自彷徨在悠长/悠长又寂寥的雨巷，/我希望逢着/一个丁香一样的/结着愁怨的姑娘。

她是有/丁香一样的颜色，/丁香一样的芬芳，/丁香一样的忧愁，/在雨中哀怨，/哀怨又彷徨；

她彷徨在这寂寥的雨巷，/撑着油纸伞/像我一样，/像我一样地/默默彳亍着/冷漠、凄清，又惆怅。

---

❶ 普通高中课程标准实验教科书语文必修1 ［DB/OL］. http：//www. pep. com. cn/gzyw/jszx/kbjc/bx1/jsys/200703/t20070311_309587. htm, 2004 - 10 - 10 ［2009 - 01 - 20］.

　　她默默地走近，／走近，又投出／太息一般的眼光／她飘过／像梦一般地，像梦一般地凄婉迷茫。

——戴望舒《雨巷》

　　这首诗描绘了江南雨巷优美意境和诗人哀怨愁苦心境。因为这首诗写于 1927 年大革命失败之后，不少人将诗人的心境理解为是对大革命失败的苦闷、彷徨，而这也成为权威的、主流的理解。教科书与教师教学用书中就如何解读这首诗表现出了较开放的态度。教科书（实验版）在"研讨与练习"部分设置了这道题目：

　　《雨巷》是一首含蓄的诗。人们对这首诗中的"姑娘"有不同的理解，有人认为"姑娘"就是"我"，有人认为"姑娘"相当于"我"心中的理想，还有人认为，"姑娘"就是"姑娘"，没有其他意思。你有什么看法？

与该教科书配套出版的教师教学用书阐明了设题意图：

　　一方面，通过引导学生讨论"姑娘"的含义，以进一步理解这首诗的主题；另一方面，使学生从中领悟诗词欣赏中"诗无达诂"的特点，即文学欣赏中允许有不同的理解。

在"教学建议"部分指出：

　　《雨巷》表达的思想感情比较复杂、朦胧，教学时，既可以联系时代背景作一定的解读，把这首诗看成诗人在那个特定年代感到迷茫找不到出路的一种情绪的反映；也可以单纯把它看作一首爱情诗来阅读，即一位情窦初开的青年在江南雨巷邂逅一位姑娘后激起的感情涟漪；还可以把它理解为诗人对理想和美好事物的追求。总之，允许并鼓励学生进行个性化的理解。❶

由此看出，在给学生以引导和对教师教学以指导方面，教科书与教师教学用书表现出了一定的开放性，将对于诗词的多种理解呈现给学生，允许和鼓励学生对诗词的多元理解，而不再是只呈现一种诗词理解的视角、只允许学生采取一种解读视角。以上例子呈现了社会控制的强度由强转弱的倾向，但不可忽视的是，这样的例子并不多，弱化社会控制只是较小范围的轻微变动，不管如何，些许的弱社会控制倾向已经给未来的趋势打开一条通道。

总之，从教科书诗词选择以及教师教学用书的诗词解读分析看出，不论是对诗人/词人或诗词流派的选择、诗词主题的选择，还是对诗词进行解读，诗词教育总保持着较强的社会控制取向。然而，随着时代发展，从 2000 年开始的新一轮课程改革以来，教科书中诗词篇目的选择进行了细微调整，诗词主题逐渐多元化，不再以单一的揭露、批判与否定为主题。教师教学用书也更为开放，提倡让学生表达观点和从多个角度理解

---

❶ 普通高中课程标准实验教科书语文必修 1 ［DB/OL］. http：//www. pep. com. cn/gzyw/jszx/kbjc/bx1/jsys/200703/t20070311＿309589. htm，2004－10－10 ［2009－01－20］.

诗词。这些迹象表明，通过诗词教育实施社会控制不再过于"紧张"和"强烈"，而是逐渐松动，从"强控制"转为"弱控制"，即过去那种以"斗争、批判、揭露、否定"为主的具有强烈政治色彩的"强控制"已逐步转为符合社会主义市场经济体制的"弱控制"。当然，教科书内容选择和教师教学用书的编制仍然非常谨慎，以上变化只是细微的、非主流的，诗词教育的主流思想解读仍居主导地位。

第二节　诗词教育社会控制功能评价

一、诗词教育社会控制功能的积极意义

"社会控制"并非只是"抑制""阻碍"等消极意义，从社会有序运转角度而言，社会控制具有积极内涵。诗词教育社会控制功能的积极意义在于，借助于诗词经典的力量，民族文化与民族精神得到传承，促进社会成员接受与认同主流思想意识，从而确保社会同质性，维护社会稳定。

"一个民族的生存是不能缺乏精神内核与民族文化的，承载这精神内核的是经典文化"。❶ 利用经典文学进行教育的过程，是民族文化保存和传递以及民族精神延续和传承的重要过程。而经典文学教育中，诗词教育是其重要组成部分，它们蕴含了丰富的人文精神。"中国诗词的人文精神主要表现为忧国忧民的情怀，一方面是时代感与历史责任感，一方面是忧患意识与批判意识，总而言之，是对国家命运和民族前途的热切关

---

❶ 阎真. 互联网与后文学时代 [J]. 文艺理论与批评，2004（4）：55.

注……诺贝尔奖得主大江健三郎于 2000 年在北京发表过一次演讲，认为中国文学史上始终有一种感时忧国的使命感，近现代也连续不断。感时忧国的使命感正是中国文学的深远传统，是人文精神的核心内容，'蚌病成珠'构造了从古到今大诗人创造力的心理基础和内在动因。在全球文化价值的普世化价值企图日益被人们识破的情况下，民族性的文化自觉和感时忧国的使命意识已变得越来越迫切，也要求精英阶层能承担起维护民族文化的使命"。❶ 中学语文教育中，诗词以其短小的篇幅、音乐般的节奏、洗练的词句，易于被学生记忆和传诵。当前学校教育中，通常要求学生熟读或熟练背诵大部分诗词，在熟读与背诵的过程中，经典词句以及经典词句所传达的思想与精神逐渐深入脑海与心灵中。学生能吟哦出一些经典诗词，例如，"安得广厦千万间，大庇天下寒士俱欢颜""同是天涯沦落人，相逢何必曾相识""出师未捷身先死，长使英雄泪满襟""此情可待成追忆，只是当时已惘然""安能摧眉折腰事权贵，使我不得开心颜""回首向来萧瑟处，归去，也无风雨也无晴"；等等。经典诗词传达着作者以及那个时代的人们对国家、时运和自身命运的深刻思考，折射出他们的崇高人格境界，传递着自强、奋争等积极精神。接受诗词经典教育，在对这些传唱千古的经典诗句的记诵、理解与领悟的过程中，学生潜移默化地受着作者人格和诗作境界的感染，体会自尊自强、坚韧、奋斗与抗争的民族精神，逐渐培养对国家命运和民族前途的责任感。

---

❶ 张同吾. 诗歌的审美期待［M］. 合肥：安徽文艺出版社，2006：121，114.

　　通过诗词教育，诗词中蕴含的民族文化得以保存，民族精神也得以一代一代延续。对一个社会、一个民族而言，缺乏某些一致的价值观与某种共同的精神，就失去了维系这个社会或民族的精神支柱。缺乏向心力的社会与民族是一盘散沙，无法凝聚民心与民力。不管是否已经意识到，在我们心中，留存的某些信念与精神时刻影响着我们的行为。这些信念与精神的形成，重要的来源正是通过对文学经典的学习与理解，逐渐将经典作品所传达的精神与价值内化为自身的精神与价值的过程。通过文学经典的一代一代传递，民族精神也一代一代延续，社会因此才能和谐发展。因此，诗词教育作为文学经典教育中重要而独特的组成部分，在向学生传递民族精神方面发挥着重要作用。一些人、事、物与精神成为了学生的集体记忆。学生思想价值观的一致性有助于他们形成较强的社会认同感与集体归属感，从而使社会凝聚力得到增强，这些都是社会稳定与发展的重要因素。学生是未来社会建设的主力军，从长远角度来看，学生思想价值观的一致性将促使他们齐心协力进行社会建设，确保社会的长治久安与健康发展。林语堂先生曾说："如果说宗教对人类心灵起着一种净化作用，使人对宇宙、对人生产生一种神秘感和美感，对自己的同类或其他生物表示体贴和怜悯，那么依著者之见，诗词在中国已经代替了宗教的作用。宗教无非是一种灵感，一种活跃着的情绪。中国人在他们的宗教里没有发现这种灵感和活跃情绪，那些宗教对他们来说只不过是黑暗的生活之上点缀着的漂亮的补丁，是与疾病和死亡联系在一起的。但他们在诗词中发现了这种灵感和死亡。诗词教会了中国人一种生活观念，通过谚语的诗卷深切地渗入社会，给予他们一种悲天悯人的意识，使他们对大自然寄予无限的深情，并用一种艺术的眼光来看待人生。诗词通过对大自然的感情，医疗人们心灵的创痛，诗词通过享受简朴生活的教育，为中国文明保持了圣洁的理想。……我们几乎认为，假如没有诗词——生活习惯的诗和可见于文字的诗——中国人就无法幸存至今。"❶

二、诗词教育社会控制功能的消极层面

（一）诗词经典被"风干"成教条

从诗词主题和诗人/词人形象方面可以看出诗词被选择进入教科书之后，如何被"风干"成教条。首先，在诗词内容方面，经过价值筛选，教科书中留下的多为抒发强烈感时忧国情怀的诗词。从这些诗词中，学生读到的是从古代到近现代，中华民族不屈奋争的历史；看到的是饱经沧桑而奋起的伟大民族精神。诗词价值选择偏重于民族、国家与社会等主题，描绘平常生活与情感的诗词只是点缀于这些宏大叙事之中，教科书中的诗词主题单一化。丰富多样的经典诗作由于社会教化取向的需要而成为被"风干"的教条。其次，在诗人/词人形象方面，教科书中的诗词多表现诗人/词人的政治、社会热情，通过教师教学用书对诗词的解读，进一步提升诗人/词人的崇高形象。通过对诗词主题与诗人/词人形象的选择与"加工"，使学生们记住了"安得广厦千万间，大庇天下寒士俱欢颜"的忧国忧民的杜甫，"僵卧孤村不自哀，尚思为国戍轮台"的爱国诗人陆游；等等。丰富的诗词经典，由于教育的社会控制功能的作

---

❶ 林语堂，著. 中国人［M］. 郝志东、沈益洪，译. 杭州：浙江人民出版社，1988：211-212.

用，逐渐被抽取掉私人情感与生活情趣，留下政治情怀与社会情感，"风干"之后成为教条。"大师活水般的思想与灵感成为经典，其经典却常在时间中风干成僵化的教条，在很长时期内，人们只能在规定的情景下按照统一的理念解读大师，以为这样可以离大师越近，结果却是对思想的误读和对原意的遮蔽，更形成了对权威的崇拜和对等级的驯服"。●

（二）诗词教育成为规训

福柯在《规训与惩罚》中研究了规训（discipline），认为："规训权力的主要功能是'训练'，而不是挑选和征用，更确切地说，是为了更好地挑选和征用而训练。它不是把所有对象变成整齐划一的芸芸众生，而是进行分类、解析、区分……它要通过'训练'把大量混杂、无用、盲目流动的肉体和力量变成多样性的各种力量……规训'造就'个人。这是一种把个人既视为操练对象又视为操练工具的权力的特殊技术。"❷ 教育中规训权力的在场是不容忽视的问题。偏重于社会控制功能的诗词教育，会加重教育的规训特征。诗词教育的规训化意味着，诗词教育是对学生进行"训练"，将诗词中的民族、国家与社会意识传达给学生，造就符合社会稳定与发展需要的个体。"在控制的规训中，知识成为一种消费品，同时是对人的布置。获得知识的过程其实就是获得控制的过程……知识成为社会控制的手段。学校的知识体制不仅仅是一个认知的问题，

---

❶ 傅守祥. 欢乐诗学：消费时代大众文化的审美想象 [D]. 杭州：浙江大学，2005：20.

❷ 福柯，著. 规训与惩罚 [M]. 刘北成，杨远婴，译. 上海：生活·读书·新知三联书店，1999：193.

而是在复杂的社会领域（教育的知识分配、市场的知识生产、意识形态的知识解释）中合法地成为规训方式的问题。知识成为教育中的霸权话语。知识是一种制度性安排的处置人、处置欲望的体制（knowledge regime）。"❶ 诗词教育成为规训，学生就成为被操控的对象，而诗词教育的审美性、情感性被政治主张与社会需要所冲淡。

　　教育规训的弊端在于："现代教育中教化的隐退和规训的在场，形成了教育对人的新的控制，这种控制导致人的新的奴隶化状态，这意味着教育对人的职能化与工具化，也意味着教育越来越成为一种异化人的实现外在目的的工具……规训化教育远离了培育自由的、卓越的、具有创造精神的人的教化理想，失去了教育生活的意义渊源和价值视野。规训教育的最大危险就是人性的培育遭到忽视。"❷ 诗词教育成为一种道德规训、意识形态规训，其弊端在于：一方面，这是对诗词这种经典文学艺术的破坏，使诗词成为被操控、被利用的"工具"。诗词作为一种独特的语言艺术、思想艺术的特点在社会控制功能面前黯然失色。另一方面，诗词教育的规训化是对学生成长的一种破坏，学生成为被改造、被规训的对象，他们的独立、批判性思维被压制。诗词教育一旦缺少了审美、语言艺术与思想艺术的体验，就会变为价值灌输与统一意识形成的过程。

　　规训的作用，并不止于主流价值观的灌输与学生一致思想意识的形成，作为一种时刻包围在学生周围的、精细且细密的操控策略，它的力量在于对学生的训顺，可以培养思不出位的

---

❶ 金生鈜. 规训与教化［M］. 北京：教育科学出版社，2004：26.
❷ 金生鈜. 规训与教化［M］. 北京：教育科学出版社，2004：3.

"顺民"。在教育的规训之下，学生会逐渐形成对现实的不假思索地接受与维护，成为维护社会统治的力量，这是社会稳固的重要因素。然而，从学生角度而言，由于教育对其的规训而失去批判精神，这种学生是片面发展的学生。从社会角度而言，如果缺乏具有批判精神的社会成员，并阻止批判力量的社会，在稳固统治的外表之下，也将潜藏一定的危机。结构功能主义与社会冲突论已经揭示出，社会冲突累积到一定阈限之时需有释放之途径。对理性的批判的开放态度，是使冲突能量得到释放的有效之途。回到教育而言，批判精神的培养是教育的重要内容，当前诗词教育中，在诗词主题和教学方式方面，有的学生丧失了一定的批判意识和批判能力。诗词教育的强社会控制取向所带来的弊端需要被避免。

第三节　诗词教育社会控制功能之反思

一、诗词教育社会控制功能的形成原因

（一）文化角度：符号权力的作用

教育的社会控制方式经历了种种演变，到如今更加隐性化了。秩序与社会限制形成的过程，主要是借由间接的、文化性的机制，而非直接的、强硬的社会控制，它们往往是掩藏其权力关系来强加意义，并把这些意义强加为合法的意义，以一种合法的、非暴力的方式实施控制，此时，权力主要以符号权力

的方式发生作用。布迪厄指出："在某种条件下，符号暴力❶可以发挥与政治暴力、警察暴力同样的作用，而且还更加有效。"❷ 他认为："符号权力是通过言语构建给定事物的能力；是使人们视而可见和闻而可信的权力；是确定或者改变对于世界的视界，因而确定或改变了对于世界的行动乃至于世界自身的权力；是一种几乎是魔术的权力，借助于特殊的动员手段，它可以使人们获得那种只有通过强力（无论这种强力是身体的还是经济的）才可以获得的东西的等价物。作为上述权力，它只有被认同的时候，也就是说，作为任意性（arbitrary）被误识的时候，才能发生功效。"❸ 依据符号权力理论可以认识到为何学生"愿意"被控制。

布迪厄指出："符号暴力就是：在一个社会行动者本身合谋的基础上，施加在他身上的暴力……社会行动者对那些施加在他们身上的暴力，恰恰并不领会那是一种暴力，反而认可了这种暴力，我将这种现象称为误识……符号暴力是通过一种既是认识，又是误识的行为完成的，这种认识和误识的行为超出了意识和意愿的控制，或者说隐藏在意识和意愿的深处。"❶ 从布迪厄的阐述可以看出符号权力的特点是：第一，它是一种软性的暴力，是一种似乎不在场的存在，通过隐匿力量发挥作

---

❶ "Symbolic power" 与 "symbolic violence" 分别被译为 "符号权力" 与 "符号暴力"，它们是含义基本相同的概念。

❷ 布迪厄，华康德，著. 实践与反思——反思社会学引导 [M]. 李猛，李康，译. 北京：中央编译出版社，2004：220.

❸ 朱国华. 权力的文化逻辑：布迪厄的社会学诗学 [D]. 上海：复旦大学，2003：86.

❶ 布迪厄，华康德，著. 实践与反思——反思社会学引导 [M]. 李猛，李康，译. 北京：中央编译出版社，2004：221，222，227.

用；第二，符号权力的作用依赖于被统治者的误识，即被统治者将本质上是符合某一群体利益的某种真理视为普遍的、绝对的真理，认同、接受甚至内化这些文化及它们所带来的控制力量。被统治者是在与统治者不知情的"合谋"情况下，协助统治者完成对自己的控制。据此，我们可以理解学生如何接受、认同以诗词教育为代表的文学经典教育的控制力量。

学校教育是保存和传承文化的重要机构，教科书是进行教与学的重要法定文本。经过挑选和加工的诗词，被固定在语文教科书中，成为权威化、神圣化的文化遗产。社会统治阶层的社会控制意愿，渗透在文学文本中。这些饱含了社会统治阶层的主流价值观的文学文本，成为具有权力的文化符号。这是文学经典作品发挥社会控制功能的重要前提之一，即使文学作品潜在地负载着某种权力。然而，"权力不是存在于语词或符号本身中，而是存在于人们对'语词的合法性的信仰以及对说出这个语调的人的信仰'。对布迪厄来说，符号权力不是存在于理念的力量中，而是存在于它们与社会结构的关系中。符号权力'是在实施这个权力的人与接受这个权力的人之间的特定关系中，并通过这种关系得到界定的，也就是说，是在生产并再生产信仰的场域的结构中得到界定的'"。❶ 由此看来，负载着权力的诗词，将其社会控制力量发挥出来，需要造就学生对作品的信仰、对教师解读的信仰以及对于解读活动合理性的信仰。种种信仰的实现，如果只是借助于强制灌输或威慑暴力、粗暴惩罚等手段，它就不是软性暴力，而是硬性暴力和强权，

---

❶ 戴维·斯沃茨，著. 文化与权力——布尔迪厄的社会学 [M]. 陶东风，译. 上海：上海译文出版社，2006：102.

也不会产生学生自愿被控制的情形。以诗词教育为代表的文学经典教育，发挥社会控制功能的独特性就在于，学生信仰的形成是通过学生与教师，乃至与社会统治阶层的"合谋"来完成的。教育的权威、教师的权威、教科书的权威已经在很大程度上造就了，处于权威之下的学生，经过长期熏陶形成了对权威的信服和依赖。也就是说，由于长期的教育熏陶以及由此形成的固定思维模式，学生几乎不会认识到知识的价值选择与价值赋予，也不会认识到知识的社会控制力量，而是习惯性地认为知识是客观真理，接受教育的过程就是掌握绝对真理的过程。这种认识也是一种误识，将建构、生成的知识视为是固定、客观的知识，因而也没有意识到这是一种通过文化而实现的社会控制。与其说这是"没有意识"，毋宁说是形成一种"误识"，把符合社会统治阶层利益的、生成的、建构的知识以为是普遍真理，承认其合法性。一旦形成这种思想，学生就会温顺地屈服于一个自己未曾意识到的"社会控制"。由于这种"认识"或"误识"，学生成为"社会控制"的"共谋"者，在"合谋"关系中，学生是温顺的、顺从的。例如，学生会按照要求熟练背诵教科书中的诗词，将教科书中对诗词的解读以及教师在课堂中的诗词解读奉为权威而深信不疑。总之，正是通过将部分诗词作为文学经典进入教科书，这些负载了社会统治阶层的主流价值观的经典发挥着社会控制的功能。学生毫不置疑地认可经典作品的权威，并信仰这种权威力量，与统治阶层"共谋"，在自己不知情的情况下，赞同了统治阶层的统治逻辑，顺从于这种符号权力的控制力量。通过符号权力，诗词教育能温柔地、潜在地发挥强大的社会控制功能。

（二）教育角度：工具理性主导

1. 诗词教育的功利主义传统

诗词具有道德意蕴和向善力量。"诗词是因为人类伦理及道德情感或观念表达的需要而产生的，是人类对自己生产劳动的一种情感表达，是对生产劳动和世界关系的一种抽象的理解。由于这种表达与理解同人类的劳动、生存与享受结合在一起，因此，诗词就首先具有伦理和道德意义……中国古代，诗词和诗词理论，历来具有干预生活、表现现实的自觉与热情，以道德理性和价值理性为重要内涵的德本精神就成为其最基本的要素与底蕴。中国诗学的德本属性，是由中国哲学的基本精神规范的，是中国特色的以人伦为中心的德本精神所规定的"。❶ 孔子以降的儒家诗教观念，奠定了中国诗教功利主义传统："从历史角度看，《诗经》在很长历史时期内并不是凭借文学作品的最主要品格——审美功能而获得主流话语地位，它们甚至并不是作为文学作品而生产的……诗歌承担着构建国家意识形态话语系统的重任……其功能直接就是政治性的。"❷

从诗人/词人的创作而言，诗人/词人将其多样的感情转化为诗词这种文学形式，因而诗词中蕴含了丰富的情感。但正如前文所指出的，中国传统的人伦色彩和文以载道的美学性格，使诗词教育中的社会性情感表达的一端得到发扬，而个人性情感表达的一端则渐渐式微。"言志""无邪""温柔敦厚"之诗成为诗词教育的主流。诗词教育的功利主义传统对当今诗词教

❶ 王志清. 中国诗学的德本精神 [M]. 济南：齐鲁书社，2007：6，16.

❷ 李春青. 诗与意识形态——西周至两汉诗歌功能的演变与中国诗学观念的生成 [M]. 北京：北京大学出版社，2005：6-7.

育仍产生重要影响。诗词教育被作为化民心、淳民风的重要手段，是社会主流意识形态得以传承、社会统治更加稳定的重要途径之一。从前文对教科书诗词内容分析可以看出，不论古典诗词还是新诗的选择，都体现出了向道德、政治等社会性情感过度倾斜的现象。如果说，古典诗歌是在"言志"传统之下发展起来的，其社会性情感的表达为主流有其合理性。但是，词之原初创作是为歌筵酒席上歌伎所演唱，它偏重于表达个人性情感，或说"言志"传统在词的发展之初并不明显。"五四"以来的新诗更突破了古典诗词的传统，在内容和形式方面都作出很大改变。然而，教科书中词与新诗的选择仍然以道德主题、社会政治情感为主，延续了"言志"与"无邪"的传统，体现了诗词教育的功利主义传统的强大影响力，以及当今诗词教育对功利主义传统的延续。诗词教育功利主义传统的影响，使得诗词教育发挥传承国家、民族情感与社会主流价值观的作用，发挥干预生活、维护社会统治秩序的社会控制功能。

2. 语文教育的工具性与人文性之纠结

对语文教育性质的判断必然影响着语文教育的实施。诗词教育社会控制功能的形成离不开对语文教育性质的反思。"工具性"与"人文性"是人们对语文教育性质论争的焦点。强调语文教育的工具性，就注重通过语文教育培养学生的语言文字能力与社会交际能力；强调语文教育的人文性，就注重通过语文教育培养学生的情感、意志和思想观念等。然而，本研究中分析的语文之教育工具性，并不是通常意义上的"语言文字作为社会交际工具"的工具性，而是指语文教育，尤其是其中的经典文学教育，成为维护社会统治之"工具"。诗词教育的社会控制功能的发挥，正是因为语文教育在很大程度上成为维护社会统治之"工具"，其工具性超越了人文性。造成这种现象的原因主要在于：

第一，文学与政治之间紧密联系。文学与政治之间有着千丝万缕的联系。作家总是生活在一定政治气氛中，政治观念、社会现实对作家的创作必然产生影响，这些影响或多或少会反映在文学作品中，使得作品蕴含一定的政治思考。此外，一定的政治要求会对文学作品的存亡产生影响，适合政治主流的文学作品能获得更长久的生命力。随着政治风向的转变，对文学作品的认可和评价也在发生变化："早在二十世纪初（1905年），王国维就尖锐地指出，中国历代历朝'咏史、怀古、感事、赠人之题目，弥漫充塞于诗界，而抒情、叙事之作，什佰不能得一，其有美术上之价值者，仅其写自然之美之一方面耳'，其原因，乃文人诗哲被世人'以侏儒、倡优蓄之''有纯粹美术上之目的者，世非惟不知贵，且加贬焉''无怪历代诗人多托于忠君爱国、劝善惩恶之意，以自解免'。"❶作家柯灵曾有过如下概括："中国新文学运动从来就和政治浪潮配合在一起，因果难分。五四时代的文学革命——反帝反封建；三十年代的革命文学——阶级斗争；抗战时期——同仇敌忾，抗日救亡，理所当然是主流。除此之外，就都看作是离谱，旁门左道，既为正统所不容，也引不起读者的注意。这是一种不无缺陷的好传统，好处是与祖国的命运息息相关，随着时代亦步亦趋，如影随形；短处是无形中大大减削了文学领地，譬如建

---

❶　高蔚．"纯诗"及其中国化研究［D］．上海：华东师范大学，2006：32．

筑，只有堂皇的厅堂楼阁，没有回廊别院，池台竞胜，曲径通幽。"❶这种概括或多或少道出了文学发展与政治之间的紧密联系。中国文学，几乎没有脱离政治的真空。教育是传递社会统治阶层所认可的文化，而被社会统治阶层认可的值得传递的文学作品，与政治之间必然存在紧密联系。语文教育在传递文学作品的人文精神内涵之时，也同样会传递一定的思想意识形态。

第二，教育目的取向的影响。教育目的取向方面，存在社会本位取向和个人本位取向的摇摆和犹疑，即教育活动是以社会发展还是以个人发展为目的。偏重以社会发展为目的的教育活动，关注教育之于社会发展的功能，因而在教育内容的选择、教育方法的实施等方面以社会需要为主导，以期将学生培养成社会发展所需要的社会成员。尽管教育活动的社会本位取向的弊端引起了人们的反思，促使他们逐渐关注受教育者的特点和发展需要，但社会本位取向依然对教育活动产生深刻影响。教育的社会本位取向使得教育中的文学与政治的联结具体化，也就是说，社会本位取向的教育活动，关注教育与社会统治之间的关系，注重通过教育培养学生的政治意识。由此，包含一定政治态度、观念的文学作品会被视为是有价值的教育文本而被选入教科书。文学作品与政治的契合也会成为教育内容选择的潜在要求，而利用这些文学经典作品进行教育，将使得语文教育在很大程度上成为社会控制的"工具"。总之，语文教育中文学经典作品的人文性与政治性之间有千丝万缕联系，

---

❶ 柯灵. 遥寄张爱玲［C］//张爱玲. 张爱玲文集（第四卷）. 合肥：安徽文艺出版社，1992：427.

加上教育的社会控制功能取向的作用，易导致教育的文学性与政治性的联结更加紧密与具体化。语文教育作为社会控制工具的功能，在很大程度会压制其培养学生的人文内涵发展的功能。工具性与人文性之纠结所导致的工具性膨胀将使诗词教育发挥社会控制的功能。

（三）教师角度：制度权威的力量

教师是将书本知识传递给学生的"中介"。从社会控制角度理解书本知识，将其视为蕴含社会统治阶层主流价值观的知识时，可将教师视为将社会统治阶层的价值观传递给学生的"中介"，是教育的社会控制功能发挥作用的主要"操作者"（当然，这里并不否定教师的主动性、能动性）。只有教师具有一定的权力，才能担当好中介者的角色；也只有教师具备较高的威信，才能使学生信服。权力与威信的结合，才是教师地位的内涵。

在教育活动中，不论具体授课教师如何变动或调整，多数学生能在不同教师的指导下继续学习，"教师"是概念化了的"权威"。从对"制度"与"制度权威"的理解可以看出，教师"权威"是制度化权威，学生服从于教师是对制度的认同。对"制度"的解释有经济学视角的，也有哲学社会学视角的。前者主要是从防止人们在交往过程中出现"机会主义"行为的角度对制度本质作出界定；后者主要从人们相互交往的客观性、秩序性和稳定性视角来理解制度。本研究中采用如下这种理解："制度是以一定社会的物质生产状况、社会经济、政治和思想文化状况以及现实的人的状况为基础，由一定的人或集团所建立的相对稳定的行为规范。它旨在约束行为主体的行为

符合某种要求，以达到维护与适合秩序的目的。"❶ 制度权威
是人们对制度的服从和尊重，它"本质是人们对于建立在一定
社会的生产过程以及与此相适应的经济、政治和思想文化关系
的结构性和秩序性基础之上的行为规范的服从关系。"❷ 制度
权威体现了人们对制度和规范的服从。大多数学生都是通过学
校教育这种制度化途径去实现自我的多方面成长。教育是培养
人的制度性活动，具有合法性与权威性。接受教育，意味着服
从和尊重教育制度与教师的制度化权威。教师的制度化权威有
两个重要来源。首先，教师权力的重要来源——社会统治阶层
的赋予。在教育制度安排中，社会统治阶层并不直接实施社会
控制，而是通过教师来实施。教师作为社会统治阶层的法定
"代言人"，按照社会统治阶层的意图和统治阶层所赋予的权
力开展教学活动。不论教师是否属于社会统治阶层，其作为统
治阶层安排于教育制度中的角色，具有统治阶层赋予的权力，
因而成为具有法定权力的高位者，学生则成为被权力控制者。
教师借助法定权力引导学生成长。与其说学生是服从于教师，
毋宁说是服从于教师所代表的权力意志。其次，教师权威的重
要来源——对师生角色的制度性安排。在传统师生角色中，教
师是拥有较多知识、对世界理解更为深刻透彻的权威；学生是
拥有较少知识，对世界理解尚显肤浅的个体。教师和学生以这
种固定的角色安排于教育活动中，学生接受教育的过程，就是
学习成人社会的各种知识和标准的社会化过程。诗词教育中，

❶ 李松玉. 制度与制度权威 [J]. 延边大学学报（社会科学版），2003
（2）：11.
❷ 李松玉. 社会权威主导形式历史演变的阶段性分析 [J]. 理论学刊，2003
（2）：36.

教师相对于学生的权威地位表现得更加明显。诗词内涵往往显得模糊而难以理解，教师知识储备较多，对诗词钻研也更为透彻，教师的讲解往往能使诗词内涵明朗清晰，这样教师逐渐树立并巩固其在学生心目中的权威地位。

教育活动中，并不排除教师由其个人魅力所造成的威信。但是，恒久地、稳定地发挥控制作用的，是教育活动的制度化安排赋予教师的制度化权威。接受学校教育，是学生获得一定的文化资本，并借此与经济资本、社会资本相交换的主流渠道。接受学校教育，意味着将接受制度安排，也将服从教师的制度化权威。当然，学生的"愿意"，有可能是主观态度的表达，也可能是长期教育规训所形成的对制度的无意识服从。不论如何，制度化权威总是或隐或显地呈现出来，使学生接受制度的安排。

二、诗词教育社会控制功能的合理限度

（一）强社会控制——学生不能承受之重

从对"什么知识最有价值"到对"谁的知识最有价值"的发问，人们对知识的客观中立性产生了质疑。文学与价值、意识形态的紧密联系更充分显现出知识的价值性。通过对教科书中被经典化的诗词的考察，以及对教师教学用书中诗词解读的分析，可以深入明了诗词所承载的沉重价值，以及诗词教育的强社会控制功能。诗词的独特美感与丰富细腻的情感往往被消解于沉重、深刻的道德价值中，诗词经典愈来愈成为载道之具，严肃的面孔与深刻的思想内涵，使许多学生难以承受其重。诗词承载和被赋予的沉重价值主要表现在：第一，诗词的道德之维——沉甸甸的良心。教科书中的诗词多数都包含着诗

人/词人沉甸甸的"良心"，诗词教育就是对"良心"的解读和教育，使学生能触摸到作者那颗极其凄苦的、忧国忧民的心，感受他们爱国报国的壮志情怀。作为文学教育的诗词教育，其旨归成为沉甸甸的道德教育。第二，诗词的历史之维——厚重的历史。通过教科书和教师教学用书对诗词创作背景、思想内涵的详尽解读，展现在教师和学生面前的是一幅厚重的历史画卷。经过价值筛选之后，这幅画卷展现的主要是阴霾笼罩、烽火连天的旧社会，如"烽火连三月""边庭流血成海水""残损的手掌""抚摸被敌人蹂躏的土地"等。通过对诗词的反复记诵，诗词沉重的道德感与历史感逐渐烙刻在学生心中。诗词必然负载一定的价值观与思想内涵，但教科书中的价值选择与价值赋予，却使诗词教育成为沉甸甸与历史反思。除了教科书中的内容之外，教师还依据教学用书的指导对诗词内涵作出详细解读，通过将这些解读权威化，规范学生的诗词理解。对于经典所传达的精神与价值，学生往往会理解与接受，较少质疑与反对，各种评价方式时常检验与评价学生理解与接受诗词经典的情况。学生的学习从某种意义上说被社会控制意图包围着，过强的社会控制易成为学生不能承受之重。

（二）反社会控制——社会不能承受之轻

面对诗词经典的沉重与诗词教育的强社会控制，青少年学生以"无厘头"文化对其进行解构，以规避权威的控制。例如前文所列举的学生对经典诗词进行的"无厘头"改编，将传统经典变为了"打油诗"。一方面，它反映了强社会控制对学生的压抑引发了学生的反抗。教科书中的诗词经典承载着一定的精神与思想，展示着一定的道德伦理与生活态度，对诗词经典的改写与颠覆，实际上是对经典背后的主流思想价值观的一种反叛。诙谐的语言和内容为它带来了大量的支持者。神圣被打碎，权威被规避，学生在大笑的时候，暂时躲避了经典的规训与控制。"无厘头"文化之"所以得到众多读者的欢迎，从根本上说，是因为它迎合了大众逃避和抵制主流意识形态规训作用的深层欲望"。● 学生对权威的反抗，在引发人们反思当前诗词的价值选择与价值负载的不合理之处上起到了一定的积极作用。但另一方面，如果任由学生对诗词的"无厘头"解构的极端发展，社会将不能承受这种解构所带来的虚无。对于诗词经典的过度戏谑与消解，不能不令人担忧，诗词经典不再是高雅文化，而是被剪切、被拼贴与被修改。通过采用网络流行语言，以讽刺的味道、游戏的风格、娱乐的态度将经典去经典化。"无厘头"改编、怀疑一切、消解一切，使文学经典变为纯粹的娱乐。这种对权威与经典的极度颠覆，使得任何权威与主流意识的建构成为不可能。在极度解构之时，学生又拒绝责任感和建构意识，文学经典被剥离了精神与思想而成为一种大众文化，这容易造就犬儒主义和文化虚无主义的滋生，它们将对学生的成长带来负面影响，使学生成为失去精神与信仰的一代。缺乏一致的价值观与某种共同的精神，就失去了维系这个社会或民族的精神支柱。一盘散沙、没有主流价值观、失去共同认可的信念的社会是难以存在和发展的。如果说，解构经典文化的合理性在于对过强的社会控制的觉醒和反抗，那么，过度解构乃至于消解任何经典，又存在明显的不合理性和弊端。虚无主义的思想价值之"轻"为社会所不能承受。这就造成许

● 陶东风. 关于《Q版语文》与大话文化现象的讨论 [J]. 当代文坛，2005（3）：52.

多人们在肯定解构经典的一定合理性上，否定极端解构行为，因为人们不免担心，缺乏内涵的、对经典进行颠覆的流行文化会对青少年成长带来负面影响。

青少年正处于世界观、人生观和价值观的模塑过程。颠覆传统会影响他们的价值判断，造成是非不分、荣辱不明。如果国人浸染在"恶搞"成风的虚拟空间里，耳濡目染的全是离经叛道的表现方式和哗众取宠的传播风格，他们就会把追逐无厘头文化作为时尚，把叛逆、反传统作为价值取向。于是，拒绝崇高而追求庸俗，逃避理想而渴望堕落，就有可能成为整个社会和一个时代的主流……诚然，我们曾经过分强调崇高，反而造成伪圣化。因此，我们需要理性地反思。但反思并不意味着对历史的嘲弄，否则就沦为滥用激情的谩骂。❶

因此，社会不能承受之轻引发社会统治阶层对社会控制的进一步强化，对"虚无"与"轻"进行规范与限制，引导社会主流意识形态的形成，以确保秩序的稳定。例如，一本名为《Q版语文》的书，冠"语文"之名，对31篇人们耳熟能详的语文课文进行改编，其所改编的课文如：《背影》《荷塘月色》《少年闰土》《从百草园到三味书屋》《孔乙己》《孔融让梨》《愚公移山》等。《Q版语文》对语文教科书进行戏说与颠覆，被选择作为颠覆对象的文学作品，都是一直被视为经典

---

❶ 童建军，刘光斌. 网络恶搞红色经典及其批评 [J]. 当代青年研究，2007（6）：18.

的、塑造了一代代人的精神的作品。《Q 版语文》采用网络流
行语言，以讽刺的味道、游戏的风格、娱乐的态度将文学经典
去经典化。这些文学经典，不再是高高在上的被膜拜对象，而
是被剪切、拼贴与修改。如《孔融让梨》中，孔融一心想偷梨
吃；孔乙己变成"孔甲乙"，偷书变成了偷光盘，并辩称窃光
盘不能算偷，这叫做资源共享……该书首印投入市场销量便达
到 10 万册，书店销售与网上浏览均呈现火爆场面。该书在青
少年群体中迅速流传。对于《Q 版语文》对经典的颠覆与彻底
解构及其受欢迎的火爆场面，社会各界褒贬不一，政府采取的
行动是禁售此书。由此可见，社会统治阶层对于极度虚无所采
取的是强硬的控制方式，以维护主流意识形态的地位。

（三）轻与重之间——如何实现合理适度的社会控制

出于社会控制目的进行诗词教育，目的在于培养学生的社
会情感和政治情感，以维护社会的思想秩序和政治秩序。诗词
所具有的丰富多元的情感，以及诗词赋予解诗人的巨大想象空
间易被主流价值观所占据。社会控制取向的诗词教育有其必要
性和合理性，但过强的社会控制又易引起学生的反控制情绪与
行为。

在强社会控制与反社会控制之间似乎存在一个怪圈。一方
面，为了社会主流价值观的传承、为了维护社会稳定而实施社
会控制，但社会控制的强化又造成学生以消解权威的方式进行
反抗；另一方面，学生反抗社会控制又造成统治阶层对社会控
制的进一步加强。这样，社会控制与反社会控制一直在较量之
中。产生这个问题的原因在于：强社会控制之沉重与反社会控
制之虚无走向了两个极端，导致矛盾越来越不可调和。就实施
社会控制的一方而言，解决问题的途径之一在于，反思应该选

择什么诗词经典对学生进行教育，从而实施合理、适度的社会控制。经典的被颠覆，并不表明经典已经失去了价值，而是提醒人们，经典所蕴含的精神以及向受教育者传递经典的方式存在不合理之处。因此，对文学经典的内涵及其传递方式进行反思，而非否定它，是对待文学经典应有的态度。诗词负载一定的价值是必须的，但是，道德观念不能仅仅局限于国家与民族情感，历史展现也不应仅仅局限于猛烈批判旧社会的情感。诗词承载的价值应该是多元与开放的，同时，诗词承载的道德、政治价值不能凌驾于诗词本身的审美、情感价值之上。总之，对于"什么文学经典是必需"的思考，即是对什么是合理社会控制的思考。社会控制的目的是为了实现社会稳定、有序与发展。利用文学经典实施社会控制就必须保持合理的"度"，才能使社会控制达到最佳效果，否则将适得其反。过强的社会控制，是学生不能承受之重；过弱的社会控制，是社会不能承受之轻。人们采取了弱化社会控制的实践，但实践中却总会引起各种与争议反思。

1. 弱化社会控制，编者的努力与社会的反对

从社会发展历程看，教育的社会控制功能一直居于比较稳固的状态，在稳定与固守之中，也存在一定的改变与发展，试图将控制的力量稍微松动。调和社会控制与反社会控制的尖锐矛盾，要求实施合理适度的社会控制。就现实而言，语文教科书内容一直在进行改革。教科书的内容选择体现了社会控制意图，对教科书内容作出改变可视为对社会控制意图与社会控制力量的调整。以教科书内容改革为例，从 2007 年 9 月开始，北京全面启动新一轮课程改革，根据高中新课程标准编写的高中语文教科书也发生了变化，人民教育出版社和北京出版社出

版的语文教科书同时进入高中课堂，其中，西城、东城、朝阳、石景山、昌平、顺义、平谷、延庆、门头沟等 9 个区县使用北京出版社版本（简称北京版），其他区县使用人民教育出版社版本。北京版语文教科书对课文篇目作出了较大调整，删除了一些经典名篇，选入一些新的篇目。被删除的部分篇目有：《孔雀东南飞》《阿 Q 正传》《陈奂生进城》《雷雨》《促织》《廉颇蔺相如列传》《六国论》《过秦论》《病梅馆记》《项脊轩志》等，新入选篇目有：《面朝大海，春暖花开》（海子）、《许三观卖血记》（余华）、《哦，香雪》（铁凝）、《新鲜的网络语言》等，而《雪山飞狐》（金庸）被编列在教师教学参考书名单中。北京版语文教科书的"大换血"引发了社会各界的争议，有赞扬之声，但更多的是质疑和担心，担心经典的消失会弱化对学生的教育力量。对于语文课文篇目的改革，新浪网于 2007 年 8 月作了一项简单调查❶，共有 57 911 人参加。调查结果如图 4－1 所示。

　　尽管这项调查略显粗糙和简单，但它从一个侧面反映了公众对教科书内容改革的态度。多数人对教科书的"换血"持反对态度，而对此表示无所谓的仅占少数。此次课文变革中，涉及诗词变革的是：删除了《孔雀东南飞》，新增选了《面朝大海，春暖花开》，图中调查数据显示，反对这种变更的人数占

---

　　❶ 马军. 北京高中语文课本换血 雪山飞狐替掉阿 Q 正传 ［DB/OL］. http：// news. sina. com. cn/c/2007－08－16/091913675816. shtml，2007－08－16 ［2009－01－16］. 需说明的是，《雪山飞狐》并没有被作为教科书的篇目，只是被编列在教师教学参考书的名单之中。而选项设计为以某篇课文替换另外一篇，但实际上教科书的课文编排并非一对一的替换关系，此选项的设置或许只是为了突出新旧替换的矛盾。

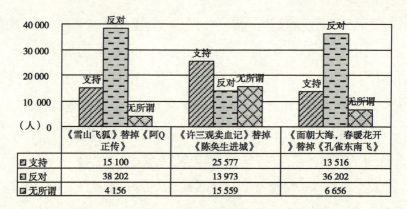

	《雪山飞狐》替掉《阿Q正传》	《许三观卖血记》替掉《陈奂生进城》	《面朝大海，春暖花开》替掉《孔雀东南飞》
支持	15 100	25 577	13 516
反对	38 202	13 973	36 202
无所谓	4 156	15 559	6 656

图 4-1 你如何看待高中语文课本"换血"

64.22%，赞成者占 23.98%，无所谓者仅为 11.81%。赞成者认为传统的经典篇目过于陈旧，应替换掉；而反对者则担心，传统经典逐渐消逝，传统精神的传承也将受到影响。可见，对传统经典的些许撼动，都能触动人们敏感的神经。漠不关心者甚少，反对改变经典的人数甚多。与北京版语文教科书的"大换血"不同的是，人民教育出版社版语文教科书的改革更加细微，继续保持《孔雀东南飞》在教科书中的稳固地位，同时也新增了《面朝大海，春暖花开》，只不过，此诗只是被作为选读篇目而非必读篇目。总体看来，人民教育出版社版语文教科书中的篇目，只是对基本传统篇目进行了微调，因而也没有引起社会较大争议。

2. 弱化社会控制，教师的尝试与社会的担忧

对诗词的理解是多元的，但长期以来，教师教学用书已经详尽地阐明了教师应如何解读诗词内涵。这里仅以《孔雀东南飞》为例，阐释教师在弱化社会控制方面的尝试及其存在的问题。对这首著名的长篇叙事诗，教学用书中指明："本诗以刘兰芝、焦仲卿的爱情和封建家长制的迫害为矛盾冲突的线

索……揭露了封建礼教破坏青年男女幸福生活的罪恶,歌颂了刘兰芝、焦仲卿的忠贞爱情和反抗精神。""教学《孔雀东南飞》,要通过诗作体察汉代贵族家庭生活,以及封建礼教毁灭恩爱夫妻的婚姻乃至生命的现实。"❶多年来,在诗词教育中,对这篇名著的解读无一不是按照这种指引来批判封建制度的罪恶,歌颂兰芝、仲卿的忠贞爱情和反抗精神。然而,由于诗歌创作年代久远,人们只能推测这首诗未能描述传达的内容,因而,不少人也曾从多个角度理解这首诗表达的情感。通过网络搜索教师的教案或者教学设计可以发现,绝大多数教师因循着教学用书的解读进行课堂教学,只有少数教师突破这种解读的限制,以独特的视角解读《孔雀东南飞》。例如,有教师认为,不能将刘、焦的悲剧归结为封建制度的残害,因为它只是反映了生活的一个侧面,也并非封建社会所独有的,当今社会不乏类似故事,所以,《孔雀东南飞》只是一场因为婆媳关系而导致的爱情悲剧。为此,该教师教学设计中所制定的教学目标是:"试着分析人物形象,探究悲剧的原因,即探究刘兰芝婆媳关系。"❷还有教师在课堂中让学生集中讨论是什么造成了焦母对刘兰芝的驱遣,并在课堂上从焦母特点的角度仔细分析,将刘兰芝被驱遣的原因归纳为:美色说(焦母嫉妒兰芝的美貌)、恋子说(焦母出于"恋子情结"驱赶兰芝)、门阀说

---

❶ 全日制普通高级中学(必修)语文第三册教师教学用书[DB/OL]. http://www.pep.com.cn/gzyw/jszx/pg/jsys/dsc/,2005 - 02 - 24[2009 - 01 - 16].

❷ 曾宪一. 古诗为焦仲卿妻作(教学设计)[DB/OL]. http://www.ywzk.com/tongbujiaocheng/gzywtbja/hjbgzhja/200709/55201.html,2007 - 09 - 24[2009 - 01 - 16].

（门第观念，兰芝并非官宦出身）、无子说（兰芝没有子嗣）等。❶ 这些个性化的解读，试图突破传统解读的桎梏，引领学生从多个视角解读诗词，将诗词内容作为反映爱情、人性的故事进行解读。在新颖与多元的背后，却又带来了疑虑，如果只是解读爱情悲剧、婆媳关系本身，这样的教育能给学生留下什么感动和启迪？有鉴于此，有教师和专家对于这种多元解读的尝试，视之为"创新入魔"而极力反对。由于受到多种因素的制约，对诗词篇目的这些比较独特、另类解读的案例并不多见。

3. 墨守成规还是吐故纳新

在调整社会控制强度方面，无论是编者及其所代表的社会统治阶层对诗词经典篇目的调整，还是教师在课堂上对诗词解读的新颖尝试，总易引起社会各界人士的反对与担忧，对经典的改动总易触动人们敏感的神经。尽管许多人诟病失去诗意的诗词教育，却不敢或不愿作出改革传统的努力，主要原因在于，沿袭已久的传统经典教育在人们内心留下了深刻影响与巨大力量。根深蒂固的社会控制传统的影响，使人们容易将弱化社会控制的行为视为洪水，似乎它会冲决传统的根基，危害社会的稳定。人们固有的观念认为，教育是使学生社会化的过程，是学生接受成人社会的准则，逐渐成长为社会人的过程。在这个过程中，成人有权为学生制订其所认为适合学生发展的教育内容。长久以来的传统力量，以及成人所内化的价值准则，会逐渐渗透到教育内容。成人已经内化了一套价值观，也

---

❶ 佚名. 一首凄婉缠绵的爱情悲歌——《孔雀东南飞》的个性化解读［DB/OL］. http：//www. ruiwen. com/news/32162. htm，2006 - 10 - 21［2009 - 01 - 16］.

必然希望将这些价值观传承给学生。成人社会有意识或无意识地将其所内化了的主流价值，视为是普遍的、固定的真理，他们决定着"什么是有价值的知识""什么是对这些知识的正确理解"，要求学生接受、内化与认同成人社会所认可的价值观。改变经典就意味着动摇人们坚信不疑的价值准则，也会被固守传统的人们视为是对社会秩序的挑战。在诗词经典选择与解读方面，弱化社会控制的尝试遭到的反对，正是源于极力维护传统价值观和既有社会秩序的需要。

　　诚然，教育不能成为没有负载的轻浮与娱乐，过度解构与颠覆传统不足取，但是，也不能裹足不前，墨守成规。对待改革的努力，应从两方面来看待。首先，适当改革诗词篇目与解读方式，弱化长期以来的社会控制传统，并非颠覆文化传统与文化精髓。作为培养人的社会活动，教育必须传递适当的价值观，使学生成长为社会的独立、有价值的个体，教育的价值负载是必须的。其次，在坚持教育的适当价值负载的基础上，必须厘清："教育究竟应该负载什么价值"，就诗词教育而言，就应该厘清："如何选择和解读诗词，使其负载合理的价值"。从前文分析可以看出，过往的诗词文本解读中政治、道德负载过于沉重。因此，作为兼具传递人类文化精髓和培养学生良好价值观的诗词教育，必须进行一定改革，使诗词教育回归到文学教育的范畴，回到诗意的氛围。合理适度的改革，应当从谨慎却又大胆的尝试开始，吐故纳新。吐故纳新并不意味着迎合学生，而是以培养学生为根本，淡化以社会统治秩序为主旨的社会控制。些许的改革，尽管力量微不足道，却是在探索的道路上迈出的重要开端。再以《孔雀东南飞》的解读为例，在个性化解读的案例中，有的教师既没有完全依据传统思路进行解读，也没有仅仅停留在分析婆媳关系和焦母的"恋子情结"上，而是从多个角度进行解读，例如：

《孔雀东南飞》教学设计*

体验反思，情感熏陶

（一）老师结合本诗讲解悲剧的特点和创作意图（引用鲁迅的"悲剧是将人生有价值的东西撕破给人看"）

（二）对现代生活中的男女殉情，你如何看待？

指名发表看法，老师引导学生，提高学生<u>审视生活、珍爱生命</u>的意识。

老师作本课小结（小声播放歌曲《孔雀东南飞》）：

一个断人心肠的故事，一曲唱绝千古的悲歌。刘兰芝和焦仲卿的爱情是一种美好的毁灭。这虽然令人遗憾，但<u>却留下了一份至真至纯的情感美和惊心动魄的悲剧美。悲剧让我们感受到了美，更让我们审视生活，珍惜生活。</u>（老师朗读歌曲《孔雀东南飞》的第三段歌词）我们庆幸自己没有生在古代，就更应认真对待婚姻，相信你们一定会找到属于自己的幸福。

《孔雀东南飞》课堂解读**

结束语

最后我想说的是，<u>这首长诗震撼我们心灵的，并不是</u>

---

* 袁秀婷.《孔雀东南飞》教学设计［DB/OL］. http：//chinese. guangztr. edu. cn/05web/200512/200512251343. htm，2005 – 12 – 25［2009 – 01 – 16］.

** 佚名. 一首凄婉缠绵的爱情悲歌——《孔雀东南飞》的个性化解读［DB/OL］. http：//www. ruiwen. com/news/32162. htm，2006 – 10 – 21［2009 – 01 – 16］.

关于这件事的任何理性的结论，而是一个简单、普通但也更伟大、更普遍的东西，那就是对人的生命的伟大关怀。正是在焦仲卿夫妻的死亡里，我们感到了灵魂的震动。这种对人的生命的伟大关怀恰恰是对于文学艺术最为重要的东西。正因为如此，《孔雀东南飞》才能够穿越千年的历史，走进我们当代人的心灵。不论作者在当时是怎样看待这个故事的，也不论焦仲卿夫妻本身的思想高度如何，总之，每个时代的人都有可能以自己对人性的理解完成对这部作品的解读。理解了这一点，就是我们这节课最大的收获。

从以上例子可以看出，诗词的解读可以是多元的。有的教师对《孔雀东南飞》的悲剧艺术魅力进行了探讨，有的教师分析了诗中所传达的对人性的关怀。而一直以来，教师教学用书中，对《孔雀东南飞》的解读始终是："揭露了封建礼教破坏青年男女幸福生活的罪恶……充分暴露了封建家长制摧残青年的丑恶本质。"相比具有权威指导地位的教学用书而言，教师课堂解读更加生动。在坚持对学生进行价值观教育的基础上，更坚持了教育的文学性和教育性，传递诗词的艺术魅力和灵魂感染力。因此，合理适度的社会控制的实现途径，可以从多元的诗词选择与诗词解读开始。实践中，编者的努力和教师的尝试，已经孕育着弱化社会控制的可能性。弱化诗词教育的社会控制功能是可能的，也是必需的。只有作出改革的努力，才能使教育复归对人的培养的本质意义。

第五章　改进中学诗词教育文本的建议

——隔岸诗意的启迪

　　诗词教育社会控制功能必须保持合理的限度，社会控制必须由强而弱的原因在于：青少年学生的特点以及社会发展环境要求教育机制作出改革。首先，就青少年学生特点的变化而言，20多年来，教科书诗词选择和课堂教学主流并没有较大的改变，但在20多年，教育对象——学生却发生了很大变化。21世纪的青少年学生具有许多新特点，一方面，他们有更多机会和更丰富的渠道接触多种知识与信息，因而视野更加开阔，知识储备日益丰富。传统意义上教师作为相对于学生而言的知识方面的高地位者状态已经在渐渐改变，在某些方面，学生懂的甚至比教师多，他们有了更多的判断和思考，而不是完全听信于教师讲解，因此，教师的知识权威地位逐渐下降。另一方面，社会环境的某些影响造成了学生反社会控制意识的增强。例如，随着自我意识的发展，学生逐渐改变自身作为被规训、被教化者的形象，他们的自主、反抗情绪增强，这种反抗精神会表现在对诗词教育的态度上。又如，在消费文化影响下，学生追赶"潮流"，为戏仿诗词提供了生存壮大的土壤。不知"潮流"，不知这些"无厘头"的诗词，只会背诵教科书中诗词的学生，容易被同伴嘲笑为落伍者。总之，学生是不断发展变化的群体，如果不充分考虑学生在社会背景下的新特点，总以固定不变的、带有强社会控制面孔的诗词对学生进行教育，难以取得良好的教育效果。其次，就社会发展环境而言，和谐是社会发展的主题，和谐包括社会各个有机组成部分的和谐、人与社会的和谐、人与人之间的和谐、人与自然的和谐等。在社会主义和平建设时期，和谐发展是社会的主题。这就要求教育所培养的社会成员，也应该具有和谐的精神。因此，教育内容的选择，不能偏重于以激烈斗争的主题培养学生的憎恨与斗争情感，而应该选择更多表达各种和谐情感与描绘和谐情景的诗词，培养身心和谐发展的学生，培养学生对于人与社会、人与自然、人与人之间的和谐关系的认识和感悟。只有这样，教育才能实现培养具有和谐发展素质的学生，使之能够成为建设更加和谐美好社会的主力军。总之，学生的特点与社会发展的和谐主题等因素，要求教育的社会控制功能必须由强而弱。从诗词教育的阅读文本与解读文本方面进行弱化社会控制的改革，可以采取以下一些策略。

第一节　诗词教育的阅读文本：敞亮 与卸重的经典

　　一种选择意味着一种遮蔽。选择某些诗词敞开给学生，意味着遮蔽了另一些未被选择的诗词。由于教育活动是在有限时空内传递有限知识，知识的选择显得尤为重要。在"什么被视为是值得传递下去的经典"问题上，蕴含的是对经典的判定，对教育功能与目标的设定，对学生成长方向的预期。长久以来的教育实践活动对这些问题的回答是，从社会稳定、发展的角度，发挥教育之于国家、社会的重要作用，将学生培养为社会发展建设的主力军。因而，在诗词经典的选择上，向学生敞开的是国家情感、政治敏感和历史使命感，遮蔽了作为常人的生活情感、个体情感；敞开的是作为政治、道德教化的文本，遮蔽的是作为审美与情感体验的文本。有选择必然就有遮蔽，在诗词教育中，不可能做到将所有诗词尽皆囊括，所能做到的是敞开更多的可能性，将多样的美与情感传达给学生。国家情感确是重要的情感之一，却不能因此忽略个人情感；教化是重要的，却不能因此排斥文学之美与情感体验。因此，诗词经典化，必须敞亮视域，给学生更为广阔的视野和体验。

一、秉持何种立场：传承经典还是建构经典

教育功能之一在于文化保存与传承。从这个角度看，教育是通过文化经典的传承来培养学生。传承下来的蕴含着文化精神的经典作品，必然经历了时间的沧桑，经历了数代人的评阅。它既对前人影响深刻，也对后人意义重大。只有在较长的时期内具有稳定意义和价值的作品，才被证明是经典。因此，尽管经典不是固定的、永恒的，但却在一定时期内具有稳定性。教育必然要传承经典，延续传统精神与价值。然而，传承经典并不意味着守成与故步自封，并不意味着只是抱着传统、回望过去。纵观这20多年，教科书中的诗词变化并不大，诗词选择具有很强的稳定性。而随着时代变化，社会活动的主题已经转到经济建设、文化发展等方面，学生的特点也更加鲜明与生动，教育内容却仍然停留在过去。教育不仅仅是保存、守成与传承文化的活动，更应有开拓、创新与引领经典的勇气与行动。如果永远只是传承经典，未来的人们将读到的可能不能被称为"经典"，而应被称为"古典"或者"历史"。如果只是传承经典，那么，当今时代的人们只是过去与未来的接力

棒，而难以为未来的人们留下当今的印记。以下仅以教科书中的新诗为例，管窥教育在传承诗词经典方面的努力，以及在建构经典方面的缺失。

表 5 - 1　人民教育出版社四套语文教科书中新诗的创作年代

创作年代	诗词名称	总计（首）
20 世纪初 ~ 20 世纪 20 年代	《口占一绝》①、《沁园春·长沙》、《采桑子·重阳》、《天上的街市》、《纸船·寄母亲》、《死水》、《雨巷》、《再别康桥》、《色彩》、《我是一条小河》、《静夜》（郭沫若）、《静夜》（闻一多）	12
20 世纪 30 年代	《沁园春·雪》、《秋天》、《断章》、《大堰河——我的保姆》、《我爱这土地》、《黄河颂》、《我为少男少女们歌唱》、《赞美》、《春鸟》、《风雨》、《断章》、《梅岭三章》、《狱中诗》、《南京书所见》	14
20 世纪 40 年代	《我用残损的手掌》、《黎明的通知》、《王贵与李香香》、《有的人——纪念鲁迅有感》	4
20 世纪 50 年代	《浣溪沙·和柳亚子先生》、《水调歌头·游泳》、《回延安》、《错误》	4
20 世纪 60 年代	《你，浪花里的一滴水》、《西去列车的窗口》、《青纱帐——甘蔗林》	3
20 世纪 70 年代	《周总理，你在哪里》、《一月的哀思》、《祖国啊，我亲爱的祖国》、《雨说——为生活在中国大地上的儿童而歌》、《在山那边》、《理想》、《致橡树》、《乡愁》（余光中）	8
20 世纪 80 年代	《星星变奏曲》、《就是那一只蟋蟀》、《面朝大海，春暖花开》、《乡愁》（席慕容）	4

注：①教科书中所选择的"20 世纪初 ~ 20 世纪 20 年代"诗歌中，除《口占一绝》创作于 1916 年以外，其他 11 首诗歌都创作于 20 世纪 20 年代。

从表 5 - 1 可以看出，教科书中所选择的新诗并不"新"。这些新诗的创作年代都在 20 世纪 80 年代以前，也就是说，在教科书中，即使最"新"的新诗，也是 20 多年前所创作的。从表中还可以看出，教科书中的新诗多为 20 世纪 20 ~ 30 年代和 20 世纪 70 年代创作的，而且，20 世纪 20 ~ 30 年代的诗歌总计 26 篇，约占教科书中新诗总数的一半。也就是说，教科书中的大多数新诗距离学生的生活时代有 50～80 年之久远。教科书中新诗的选择，体现了传承经典的传统。所谓经典，必然是经历了时间的洗刷之后仍被认可为有价值的这些事物。经典具有一定的稳定性和持久性，因而教科书中的经典诗词没有出现较大的变化。但是，对经典的认可与传承的合理性，并不意味着教科书的内容只能固守传统，文化需要守成，更需要创新。

教育活动不仅仅是保存和传递经典文化，培养学生对传统的体认，更应该建构经典。建构经典包括两方面的内涵。一方面，要将已经被许多人在其他领域认可了的优秀作品纳入教科书中，改变这些优秀作品游离于教育内容之外的现状，扩展教育内容和学生的视野。另一方面，要经过对作品内涵和教育意义的审慎认定，将某些曾经不被视为是"优秀"的作品重新经典化，发掘其优秀内涵。建构经典的意义与价值主要在于：首先，从文学角度而言，教育应为经典化当今的文学作品作出贡献。文学不能等到其成为历史或古典时才能成为经典。对于当代文学经典的认定是一项困难的工作，但在选择利用什么经典内容对学生进行教育时，教育领域不能坐等其他领域的认定。选择什么当代文学作品进入教科书，将其作为具有重要价值与意义的教育内容，将引导大众对于这些文学作品的评价与认可，这样，教育将在当代文学作品经典化的过程中作出重要贡献。教科书中的新诗都创作于 20 世纪 80 年代以前，但诗人的创作并不是止于 20 世纪 80 年代。相反，20 世纪 90 年代以来，新诗的创作更加丰富、多元，但这些"新"内容却没有出现在教科书中，原因之一在于，新诗的新颖多样使得人们对其价值的认可不一致，而教育领域对此新诗也无法一时确定其价值，只能沿用于那些人们毫不怀疑的经典。其次，就学生发展而言，建构经典的意义在于，使学生体会到丰富多样的情感，体会到当下的真实。教科书中的新诗距离学生的生活时代已经超过半个多世纪，它们与学生的生活经验和情感体验相去甚远。这些"战歌"与"颂歌"类的新诗，曾激励了战斗中的人们的革命豪情与国家、民族自豪感。我们并不否认这些经典在激励学生的斗志与培养学生的民族情感方面仍有重要意义，这些经典仍有存在的价值。但除此之外，还应在准确辨析学生心理特点与生活经验的基础上，适当增加新的内容。当代新诗多是基于当代生活的情感抒发，在教科书中增加部分当代新诗，能使教育内容更契合于学生的生活体验。青春的年华，需要青春的诗词，而教科书中诗词的陈旧面孔与沉重情感，会使青春在教科书中、在学生的心中缺席。

通过教科书内容的选择来建构新的经典，不仅是必需的，也是可能的。回顾以往教科书可以发现，《有的人——纪念鲁迅有感》是臧克家于 1949 年 11 月创作的新诗，1950 年即被选入初级中学语文教科书，直到 2000 年，经历了整整半个世纪。《回延安》是贺敬之于 1956 年 3 月创作的新诗，1958 年进入初级中学语文教科书，直到 2000 年。这些诗词在创作之后很短的时间内，尽快进入教科书中成为教育内容，而这一内容的长久保持，使其成为经久不衰的经典，教育了一代又一代的人们。许多人都能脱口而出："有的人活着/他已经死了；/有的人死了/他还活着……"尽管这些诗词因为特定的内容和年代的原因能迅速进入教科书，成为教育的重要内容。但这也表明，教科书不仅仅是传承传统经典，也能在建构经典方面发挥重要作用。当今时代有不同的特点，编者在教科书内容选择时，应多方面考虑文学的价值和教育意义，将"新"的内容编入教科书，使这些内容逐步经典化。实验版教科书中，诗词内容已经在进行些微改变，尽管改变的进程中会有不少争辩和反对，但时间的检验，会去掉粗糙留下精华，而最终将合适的内容经典化。不管改变的过程如何曲折，教育必须在建构经典方面努力迈进。只有传承经典与建构经典并进，才能保留古典文化与当代文化，才能以传统精神和当代精神影响学生。

二、建构何种经典：敞亮与卸重的经典

由编者精心筛选的诗词进入教科书后，即能获得优秀文学的"身份"，而经过长时间社会各界的评判之后能稳定地存在于教科书中的诗词，则能在一定时间内被作为经典流传下去。因此，是否进入教科书，是诗词能否被经典化的重要开端。教育活动不仅要保存和传承经典，更需要建构经典。建构经典始于将未被经典化的诗词纳入教科书中，推动其逐步经典化。因此，建构诗词经典，首先，要以创新和改革的意识，在教科书中增加适合学生特点、反映时代气息的诗词。其次，建构经典并非随意的个人行为，而是坚持"经典"的"基本面"的审慎行为。尽管经典并非客观的、固定不变的，它是一定时期的人们为自己的时代所选择、确立的结果，但是，经典并不是完全主观任意的结果。只有具备一些基本价值内涵的作品，才能成为经典。经典化的过程，是对已具有某些基本价值内涵的文学作品的进一步筛选。而"基本价值"在不同的领域，其内涵有所差别。就教育领域而言，经典的基本价值在于对学生的教育意义，即对学生的心灵、思想成长所具有的正面影响。因

此，建构作为教育内容的诗词经典，就必须坚持双重基本价值：作为教育内容的诗词的基本价值与作为文学的诗词的基本价值。教育的基本价值，决定着进入教科书作为教育内容的诗词，必然具有价值负载；文学的基本价值，决定着教科书中的诗词，应当是在文学形式和内容方面都颇为优秀的作品。概言之，通过教科书建构的经典，既应是具有文学艺术魅力的作品，也应是具有教育意义的作品。

回顾以往教科书的诗词经典，其思想性压制了文学性，而思想性本身又偏重于民族情感与历史使命感。有选择地更新教科书内容，建构新的经典，就应敞亮多种经典，为经典卸重。诗词表达着作者丰富多样的情感，教科书中的诗词，应从多个角度展现这些丰富的情感，敞亮而非遮蔽学生的视野。敞亮多种情感与艺术魅力，将减少那些负载了沉重政治与道德价值的诗词，从而为诗词经典教育卸下重负。当然，卸下重负并不意味着抛弃具有价值负载的诗词。"有诗人认为，诗对一切社会现实人生的关照是一种桎梏与束缚，诗在他那里变成了一种'私人'的任意和乖张的自我张扬，把诗当成纯个人的玩物，使诗词走向平庸……现代诗词创作中，为了突出现代性，人性人情的描写往往抽去了社会的精神内涵，抛弃了中华民族'发乎情止乎礼义'的传统特点，不合国情，也是无法让大多数人理解和接受的"。❶ 总之，教科书中诗词的敞亮与卸重，追求的是价值、情感与审美的和谐统一。"文以载道"并不应全盘否定。作为具有教育意义的诗词，只有负载一定的价值内涵才具有教育意义。问题的关键在于，诗词应当"载"什么内涵才

---

❶ 张同吾. 诗歌的审美期待［M］. 合肥：安徽文艺出版社，2006：61，63.

能发挥兼顾学生成长与社会发展的双重作用。我国台湾地区"国中"与高中"国文"教科书的诗词内容展现出海峡另一岸对于诗意与教育意义的选择。隔岸的诗意能拓展人们的视域，给大陆地区的诗词教育以启迪。

我国台湾地区"国立"编译馆编写的"国文"教科书（1983、1994、2000年版）中，古典诗词数量远远多于新诗数量。本研究对我国台湾地区"国文"教科书诗词选择的研究主要集中在以下两方面。一方面，这三套教科书中，古典诗词共有60余首。其中2000年版"国中"教科书有15首古典诗词（其中，10首诗词已经入选1983、1994年版教科书）。因此，为了能完整地研究"国中"与高中教科书古典诗词选择情况，本研究仅分析1983、1994年版"国中"与高中"国文"教科书，而暂不分析2000年版"国中""国文"教科书。另一方面，三套教科书中，新诗仅有14首（其中"国中"教科书中有12首，高中教科书中有2首），有鉴于此，本研究集中对1983、1994、2000年版"国中""国文"教科书中的新诗进行分析。通过分析我国台湾地区"国文"教科书的一些特点，给大陆诗词教育以一定的启发。

（一）我国台湾地区"国立"编译馆 1983、1994 年版两套"国文"教科书古典诗词选择特点与启示

表 5-2 我国台湾地区"国立"编译馆编写的
"国文"教科书中的古典诗词

诗词主题		诗词名称	数量（首）	总计（首）
个人性情感	思乡	《浣溪沙（楼上晴天碧四垂）》《苏幕遮（燎沉香）》《天净沙·秋思》《枫桥夜泊》《静夜思》	5	33
	怀人	《饮马长城窟行》《长干行》《宿桐庐江寄广陵旧游》《清平乐（别来春半）》《过故人庄》《黄鹤楼送孟浩然之广陵》《赠卫八处士》《庭中有奇树》《陌上桑》《菩萨蛮（小山重叠金明灭）》《谒金门（春雨足）》《鹊踏枝（谁道闲情抛弃久）》《水调歌头（明月几时有）》《如梦令（昨夜雨疏风骤）》	14	
	自然、生活	《辋川闲居赠裴秀才迪》《登鹳雀楼》《四时读书乐（四首）》《鹿柴》《江雪》《秋夕》《登幽州台歌》《西江月（明月别枝惊鹊）》《水仙子·咏江南》《采桑子（春深雨过西湖好）》《南乡子（乘彩舫）》	14	
社会性情感	战事、边塞情感	《观猎》《闻官军收河南河北》《贺新郎（把酒长亭说）》《塞下曲（其三）》《出塞》《后出塞（其二）》《白雪歌送武判官归京》《夜游宫·记梦寄师伯浑》《满江红（怒发冲冠）》《相见欢（金陵城上西楼）》《暮春》	11	25
	英雄气概、才智未酬、淡漠官场	《国殇》《八阵图》《登金陵凤凰台》《琵琶行（并序）》《念奴娇·赤壁怀古》《咏荆轲》《归园田居（其三）》《饮酒（其五）》《行行重行行》《永遇乐·京口北固亭怀古》	10	
	传统品质	《慈乌夜啼》《蓼莪》《燕诗示刘叟》《木兰诗》	4	

通过分析 1983、1994 年版的两套"国文"教科书中的诗词可以发现，我国台湾地区的教科书古典诗词选篇与大陆教科书古典诗词选篇有不少共同之处。第一，我国台湾地区"国文"教科书也将杜甫、李白诗歌作为诗词选择的重点，从数量上而言，这二套"国文"教科书中杜甫与李白的诗歌篇目与入

选次数最多——均分别为 4 篇与 6 次。其次，我国台湾地区诗词选篇所涉及的主题也非常丰富，如思乡、怀人、自然生活、战事、才智未酬、传统品质等主题的诗词均有所涉及，个人性情感与社会性情感都受到重视。

但是，从表 5-2 可以看出，我国台湾地区的教科书古典诗词与大陆教科书古典诗词选择还存在一些不同之处，这些差异可以引发人们思考如何改进大陆语文教科书诗词选择。第一，就诗词数量而言，与大陆语文教科书偏重于社会性情感所不同的是，我国台湾地区"国文"教科书中表达个人性情感的诗词略多于表达社会性情感的诗词（分别为 33 首与 25 首）。可见，我国台湾地区教科书将个人性情感置于与社会性情感相同甚至略为重要的地位，从而有利于培养学生作为独立个体的个人性情感。第二，就诗词主题而言，我国台湾地区的教科书中诗词情感更加平和，较为远离过于强烈的情绪表达。在表达个人性情感的诗词中，可以体会到生活的安详与恬淡。例如，冯延巳的《鹊踏枝（谁道闲情抛弃久）》细腻描绘了内心愁绪。王维的《辋川闲居赠裴秀才迪》描写了辋川的秋景，以及诗人与裴迪的闲居之乐。翁森在《四时读书乐》中，把一年四季都视为读书的好时光，勉励人们勤奋读书。

鹊踏枝

冯延巳

谁道闲情抛弃久？每到春来，惆怅还依旧。日日花前常病酒，不辞镜里朱颜瘦。

河畔青芜堤上柳，为问新愁，何事年年有？独立小桥风满袖，平林新月人归后。

辋川闲居赠裴秀才迪

王维

寒山转苍翠，秋水日潺湲。倚杖柴门外，临风听暮蝉。

渡头余落日，墟里上孤烟。复值接舆醉，狂歌五柳前。

四时读书乐·春

翁森

山光拂槛水绕廊，舞雩归咏春风香。好鸟枝头亦朋友，落花水面皆文章。

蹉跎莫遣韶光老，人生唯有读书好。读书之乐乐何如？绿满窗前草不除。

表达社会性情感的诗词，尽管描绘了古代社会动荡与腐朽的现实，但相比大陆教科书中诗词，更少了一些对黑暗社会极度激愤的强烈情感。以杜甫诗歌为例，人民教育出版社四套语文教科书中均选择了杜甫的《石壕吏》《茅屋为秋风所破歌》，这两首诗歌表达着极其强烈的对黑暗社会的憎恨和对劳苦大众的同情。而我国台湾地区"国立"编译馆的两套"国文"教科书中均选择了杜甫的诗歌《赠卫八处士》《闻官军收河南河北》，这两首诗分别表达了对知交的怀念和收复失地的愉快心情。相比而言，台湾地区"国文"教科书中诗词传达的社会性情感更为温和。又以《诗经》选篇为例，大陆教科书中多次选择了《伐檀》《硕鼠》《无衣》等反映统治腐朽、战争无度、人民受尽剥削压迫的诗词，而我国台湾地区的教科书中选择了《蓼莪》这首悼念父母恩德，抒发失去父母的孤苦和未能终养父母的遗憾的孝思之作。此外，在社会性情感中，我国台湾地区"国文"教科书还注重传达诗歌中的传统品质，教科书选择了表达中国人传统"孝道"的诗歌——《慈乌夜啼》《蓼莪》《燕诗示刘叟》。这些诗歌对于"孝"的表达，令人歆歔与动容。

慈乌夜啼

白居易

慈乌失其母，哑哑吐哀音。昼夜不飞去，经年守故林。

夜夜夜半啼，闻者为沾襟。声中如告诉，未尽反哺心。

百鸟岂无母，尔独哀怨深。应是母慈重，使尔悲不任。

昔有吴起者，母殁丧不临。嗟哉斯徒辈，其心不如禽。

慈乌复慈乌，鸟中之曾参。

蓼 莪

蓼蓼者莪，匪莪伊蒿。哀哀父母，生我劬劳。
蓼蓼者莪，匪莪伊蔚。哀哀父母，生我劳瘁。

总之，在古典诗词选择方面，我国台湾地区教科书保持着对表达个人性情感与社会性情感的诗词的共同关注。所选诗词的社会性情感不是强烈的政治取向，不是激愤地控诉，而是较为平和的情感表达。此外，我国台湾地区注重传统精神的特点也在诗词选择中有所反映。由于古典诗词很大程度上是在"诗以言志"的传统下发展的，因而我国台湾地区教科书所选择的古典诗词在"卸重"方面表现不是很明显，古典诗词仍然承载着一定的社会价值、政治价值和传统文化精神。

（二）我国台湾地区"国立"编译馆1983、1994、2000年版三套"国中""国文"教科书新诗选择特点与启示

与古典诗词相比，新诗已经逐渐摆脱了"诗以言志"的传统，教科书中新诗的"卸重"具有更大的可能性与可行性。与人民教育出版社语文教科书中的"战歌"与"颂歌"类新诗相比，我国台湾地区"国立"编译馆编写的"国中""国文"教科书中的新诗选择可以给人们一些启迪。

表5-3 台湾地区"国立"编译馆编写的
"国中""国文"教科书中的新诗

版本	诗歌名称	作者	主题①
1983年版	《夏夜》	杨唤	夏夜丰富、美丽而又可爱的景物
	《月夜》	胡适	抒写对朋友的怀念之情
	《狮子·悼志摩》	胡适	抒写对朋友的怀念之情
	《只要我们有根》	王蓉芷	鼓舞"国人"士气
	《鹅銮鼻》	余光中	面对雄伟浩瀚大海所生的感怀
1994年版	《只要我们有根》	王蓉芷	鼓舞"国人"处变不惊、庄敬自强
	《一枚铜币》	余光中	和全世界全人类握手，充满对全人类的热爱

版本	诗歌名称	作者	主题
2000 年版	《小小的岛》	郑愁予	歌颂作者思念的人所住的小岛
	《车过枋寮》	余光中	把台湾农村丰盈饱满的生命力作了最动人的咏唱
	《伞》	蓉 子②	借生活中经常使用的伞，抒写她宁静、悠闲与恬然的情怀
	《射手》	梁云坡	作者希望每个人都能惜取少年时，不要恣意挥霍青春，以期待人生丰富的收获
	《夏夜》	杨 唤	夏夜宁静安详的场景

注：① 对"国中""国文"教科书中这几首诗歌主题的概括，均为教科书中"题解"部分的原句。

② 蓉子，本名王蓉芷。

我国台湾地区"国立"编译馆编写的三套"国文"教科书中的新诗选篇并不多，共有 14 首，而其中 12 首诗歌都出现在"国中"教科书中，即表 5－3 所列。尽管教科书中的新诗数量不多，却初步展现了我国台湾地区"国文"教科书内容选择的价值取向。如果说"国文"教科书中，古典诗词的选择还延续着言志的传统，反映社会状况、传达诗人抱负，那么，教科书中新诗的选择已逐渐远离言志传统，较多表达个人性情感。我国台湾地区"国中""国文"教科书中新诗选择的特点在于：

第一，从总体上看，"国文"教科书中的新诗偏重于传达个人性情感，情感细腻真挚。教科书中选择了抒发对大自然的感情、流淌个人细腻思绪的新诗，同时在新诗选择时也不忘对学生的积极教育意义。例如：

描绘宁静夏夜：

　　夏天的夜就轻轻地来了/低声地歌唱

　　溜过弯弯的小桥/只有夜风还醒/从竹林里跑出来/跟

提灯的萤火虫／在美丽的夏夜里愉快地旅行

——杨唤《夏夜》

表达思念情愫：

你住的小小的岛我正思念／……／小鸟跳响在枝上，如琴键的起落／那儿的山崖都爱凝望，披垂着长藤如发／那儿的草地都善等待，铺缀着野花如果盘／……／要不，我去了，我便化做萤火虫／以我的一生为你点灯盏

——郑愁予《小小的岛》

对青年的警醒：

"青春时／我是盲目的射手／自负有千万只箭／就无的放矢／自以为豪放／终于／射尽了囊中之箭

中年时／我已百发百中／更发现无数更好的目标／可惜我已无箭可射／只惆怅地看一群拙劣的射手／——浪费力气！

当我老迈时／啊！／我看见我鬓发皆白／正以老花的眼／颤抖的手／捡一根枯干木棒／梦想削成青春之箭……"

——梁云坡《射手》

第二，"国文"教科书中新诗选择的变化特点：越来越注重诗歌的文学性特点与诗歌的教育意义的结合，而且，这一教育意义更偏向于对学生身心健康成长的意义。2000年版"国文"教科书中的新诗选择，更加适合学生的心理特点和成长需

要。从这三套教科书中同一诗人入选作品的变化可以管窥教科书的这一变化特点。三套教科书中共选择了六位诗人的作品，其中只有蓉子、余光中两位诗人的作品在三套教科书中均有出现。蓉子的作品为《只要我们有根》（1983、1994 年版）、《伞》（2000 年版）。余光中的作品为《鹅銮鼻》（1983 年版）、《一枚铜币》（1994 年版）、《车过枋寮》（2000 年版）。从诗歌主题来看，蓉子与余光中入选教科书的诗歌越来越偏向于生活情感与个体感悟。例如，《只要我们有根》是鼓舞士气的作品，而《伞》则表达了作者宁静怡然的情怀，诗风更加细腻与纯净。《一枚铜币》关注宏观世界，而《车过枋寮》则以清新活泼的笔触，咏唱乡土。

　　　一柄顶天/顶着艳阳顶着雨/顶着单纯儿歌的透明音符/自在自适的小小世界

　　　一伞在手，开阖自如/阖则为竿为杖，开则为花为亭/亭中藏着一个宁静的我

　　　　　　　　　　　　　　　　　——蓉子《伞》

　　　"雨落在屏东的香蕉田里，/甜甜的香蕉甜甜的雨，/肥肥的香蕉肥肥的田，/雨落在屏东肥肥的田里。/雨是一首湿湿的牧歌，/路是一把瘦瘦的牧笛，/吹十里五里的阡阡陌陌。"

　　　　　　　　　　　　　　　　——余光中《车过枋寮》

　　从以上例子可以看出，我国台湾地区"国中""国文"教科书中的新诗富有生活气息和人文情怀，尤其是 2000 年版的

教科书。与之对比，大约同一时期，大陆教科书中的新诗却呈现出不同的面貌。人民教育出版社 2000 年版初中语文教科书中所选择的新诗共有 12 首，其中，《天上的街市》《静夜》《黎明的通知》《回延安》《色彩》《我为少男少女们歌唱》《雨说——为生活在中国大地上的儿童而歌》《有的人——纪念鲁迅有感》《乡愁》（余光中）这 9 首诗主要以社会性情感为主，表达了对革命战争的胜利信心、对黑暗旧中国的批判、对延安和新生活的歌颂等主题。仅有 3 首诗——《纸船·寄母亲》、《我是一条小河》、《乡愁》（席慕蓉）表达了关于爱情、亲情、生活等方面的个人性感情。通过对比可以看出，大陆教科书中的新诗，较多地负载了沉重的政治价值，利用诗词教育对学生进行历史批判、历史情感的培养。我国台湾地区的教科书中的新诗相对更加生活化，多表达个人性情感。

我国台湾地区"国立"编译馆编写的"国文"教科书并非绝对完美，它也曾受到当地研究者的批判。而且，我国台湾地区的"国文"教科书具有非常强烈的意识形态色彩，教科书内容选择也存在不合理之处。这里以我国台湾地区的教科书诗词选择为例，并非是将其作为大陆教科书内容选择的标准，而是希冀从其值得借鉴之处得到一些启迪。管窥我国台湾地区"国文"教科书中的古典诗词与新诗，可以得到的启迪主要有：第一，教科书内容选择是价值选择的结果，我国台湾地区与大陆具有不同的价值选择标准。大陆教科书倾向于表达政治情感的诗词，传达着昂扬、激烈与奋进的情感。而我国台湾地区教科书倾向于表达生活体悟的诗词，传达着平和、怡然的情感。第二，既然教科书内容是价值选择的结果，那么，诗词经典的敞亮与卸重是可能的。教育的长期规训造就了集体无意识，使人们认为教科书中的经典是固定的、不易改变的，对经典文本的改变将会撼动传统精神，使学生成为无信仰的一代。然而，我国台湾地区"国文"教科书内容的选择给人们带来一抹亮色，它展现了：激烈批判旧社会、培养革命情怀这些价值取向可以不存在于语文教科书中（当然，我国台湾地区教科书中的诗词选择了其他价值倾向，如乡土情怀、传统孝道、人生志向等）。因此，弱化以诗词教育为代表的经典文学教育的社会控制功能，关键并不在于能不能弱化，我国台湾地区的教科书内容已经例证了弱化社会控制的可能性，问题的关键在于，人们是否愿意适当弱化诗词经典教育的社会控制功能。第三，敞亮与卸重教科书中诗词经典，从具体操作策略而言，路径在于：选择更富有生活气息的诗词作品，增加抒发平和、自然情感的诗词，减少抒发强烈政治革命情怀的诗词。通过诗词教育，使学生体会到生活的自然恬淡，体会到情感的丰富与细腻。尽管为诗词经典卸重的操作路径似乎很简单，但纵观20多年来语文教科书内容的变革，政治与道德负载并没有较大的改变。因此，为诗词经典卸重，更根本途径在于改变人们所固守的传统观念，即使诗词教育回归到情感与审美体验层面，使语文教育回归到培养人的人文情怀层面。总而言之，语文教育的社会控制功能不能压制其对人的培养功能。每个个体鲜活灵动的成长，才是教育的根本目的所在。教育理念的这种转变，才能真正为诗词经典教育卸重，也才能培养出促进社会发展的成员。

三、谁来建构经典

对于"谁的知识最有价值"的发问，表明了"主体"在知识建构过程中的重要作用。谁有权决定何者是值得传递给下一代的经典？在过去很长一段时期内，我国的教科书编写制度是"统编制"，"'统编制'究其实质乃是国家介入教育领域，以权力集中的形式控制教科书的编辑、发行过程，使全国各级学校之教科书在各地区均内容一元化、规格化、导致教科书成为政治统治的工具"。❶新课程标准颁布以来，语文教材建设进入了一个新时期，语文教材从"一纲一本"走向"一纲多本"。不同的出版机构可以组织不同的专家队伍编写教科书，然而，在"百花齐放"的时候，如何保证选编内容的适切性和精神文化经典传承的延续性？如何才能使教科书的编写不成为个人情感与喜好的表达？因此，要使学校教育的社会控制功能保持在合理的限度，"敞亮与卸重的经典应该由谁来建构"成为解决问题的关键。

为避免过于"垄断"的局限性，同时克服过于"开放"的弊端，教科书的编写者应该是由具有多种知识背景的人员构成。首先，应该有具有较高学术水平的专家学者参与其中，他们对于文学经典内容的知识较为丰富全面。其次，不能忽视教师与学生的话语权。教师是"实践的课程"的主体，是将课程标准传递给学生而使课程被学生接受的重要中介。而学生是教育活动的主体，任何教育设计与安排都是为了学生的成长，因此，教师与学生的话语权应该受到重视。此外，还应给予社会公众表达的途径。教育是一种社会活动，教育负担着学生社会化的重任，因此，社会公众的意见表达也应该成为编写教材的重要参考。总之，教科书编写主体应该多元化，在多种智慧合

---

❶ 石计生，等. 意识形态与台湾教科书 [M]. 台北：前卫出版社，1993：20.

谋的基础上，建构出更加完善的经典，使之成为对学生发展起重要作用的文本。当然，由于现实多种因素的束缚，即使是开放教科书的编写权利，教科书内容改革的进展仍然比较缓慢。建构更加合理的经典是一个不断进行的行为，需要多方力量的持久努力。

第二节　诗词教育的解读文本：文艺性解读与衍生结构

一、诗词内涵解读：从思想性到文艺性

教师教学用书对于诗词内涵的详细解读往往偏重于诗词创作的历史背景、诗人气质精神、诗词的思想蕴意等方面，目的在于传承民族文化，以民族精神鼓舞与塑造学生。过于注重思想性的诗词解读使诗词负载了过多的政治内涵与道德价值，使诗词成为政治与道德教化的工具而丧失了自身的特点与教育价值。为弱化诗词教育的社会控制功能，减轻诗词的过重价值负载，在诗词解读方面，应转变思想性解读为主的模式，注重对诗词的文艺性解读。我国台湾地区"国文"教师手册中的诗词解读所展现出的文艺性特点可以给人们一定的启迪。

《浣溪沙（楼上晴天碧四垂）》《清平乐·村居》
教学目标：
情意方面：（一）领略生活情趣，珍惜与家人相处的时光。

（二）从朗读或吟咏中领略本课两阕词的<u>声情之美</u>。❶

《小小的岛》

教学目标：

情意方面：体会诗词中的语言之美、景致之美与感情之美，并由此<u>得到熏沐陶冶，以净化性灵</u>。

题解：

诗分四节，使用平易的语言，铸造美的意象，景中含情，十分动人。何寄彭先生说："一般公认，'小小的岛'指台湾，此诗写愁予对宝岛的眷恋。<u>唯诗无达诂，自情诗角度看，似更觉美丽</u>。"此一观点值得我们参考。

范文分析：

山崖爱凝望，草地善等待，这不只是修辞学上转化法的运用，根本乃在写景中<u>寄托了爱人的心情</u>。

最后一节表现了情感之厚实与温柔。带着笛杖，是要以笛为你歌唱，以杖替你护卫，因为"我是牧童而你是小羊"；不然呢，就化为萤火虫，"以我的一生甘为你点盏灯"，<u>这里不是山盟海誓之沉重，却见得另一种让人心动的温柔与真诚</u>，这样的许愿真是令人震撼啊！❷

从以上例子可以看出，我国台湾地区"国文"教师手册在教学目标设置上注重培养常人的生活情感，如"珍惜与家人相处的时光""体会感情之美""净化性灵"等。在诗词分析方

---

❶ "国中国文"第五册教师手册［M］. 台北："国立"编译馆，1999：139.

❷ "国中国文"第五册教师手册［M］. 台北："国立"编译馆，1999：27－30.

面，敢于"言情"。例如，指出了将《小小的岛》从情诗角度看似觉更美，并使用了优美的语句来描述诗词："这里不是山盟海誓之沉重，却见得另一种让人心动的温柔与真诚，这样的许愿真是令人震撼啊！"相比而言，大陆语文教师教学用书常常使用这样的语句来解读诗词："极其深刻地揭露了……有力地抨击了……热情地讴歌了……"就用词和表达而言，前一种解读方式更能给人以美的感受，使人沉醉于诗词所描绘的意境之中，而后一种解读方式其重点往往在于激起人们的强烈"战斗"情感。

我国台湾地区"国文"教师手册对诗词的解读也并非完美无瑕，但或多或少展现出了诗词解读的另一种魅力。以我国台湾地区教师用书的诗词解读为例，并不意味着提倡对其全面效仿，毕竟两岸教育理念与文化视野存在一定区别。但是，这些例子所展现出来的诗词的多元解读，可以启迪我们反思当前大陆教师教学用书的主流解读模式。以公共话语方式进行政治、思想与道德解读，给诗词披上了厚重的教化外衣。弱化诗词教育的社会控制功能，应改变话语方式与解读重点，实现以生活化、情感性的语言解读诗词的艺术魅力。然则，诗词解读在很大程度上是受制于诗词本身的内容特点。长久以来对诗词的政治性、思想性解读的偏重，很大一部分原因在于入选教科书的诗词主要偏重于政治性情感与道德情感。因此，教师教学用书中诗词解读的改革应与教科书中诗词选择的改革同步进行。

二、课后习题设置：从模仿结构到分析、衍生结构

课后习题设置的重要功能在于增进并引导学生对诗词的理解。从前文分析可以发现，课后习题设置的重点在于诗词的深

刻思想内涵，设问的方式是"填空"或"证明"，也就是说，教科书编者希望学生沿着他们所设定的思路去理解诗词，去记诵传统文化与领悟民族精神。教师的课堂讲解，也在于将编者所设定的"正确"答案传递给学生。因此，通过解答课后习题，学生便依照编者的设计和教师的引导，去深入理解经过加工和改造的诗词思想内涵。在这个过程中，学生缺少了自我分析和领悟，缺乏了表达其个性理解的机会与途径，而只是接受与重复官方所认可的理解。这就是 A. C 珀维斯所说的模仿结构，"即文学是人类的遗产，阅读、吸收、模仿这一遗产可向年轻人传递文化价值观念……参照历史和文化上已经建立的'优秀标准'掌握文化和文学作品的深层结构"。❶ 课后习题设置所表现出来的"模仿结构"，强调的是对诗词经典内涵的记忆，教师的任务是传递经典，学生的任务是接纳权威的阐释，并按照权威的要求去理解、认同与内化经典所蕴含的各种精神。

文学教育中通常具有三种深层结构：模仿结构、分析结构与衍生结构。模仿结构是强社会控制取向下所采取的结构。弱化诗词经典教育的社会控制功能，表现在课后习题设置方面，应该逐渐从模仿结构走向分析结构乃至衍生结构。

首先，诗词教育应从模仿结构走向分析结构。"分析结构的主旨是：文学本身是不能传授的；人们只能教会学生进行文学批评；把逻辑评论的方法运用于文学作品讨论……以分析结构为基础的文学教育，强调发展学生对所学作品的理解、分析

---

❶ 江山野. 简明国际教育百科全书·课程 [M]. 北京：教育科学出版社，1997：278 – 279.

以及作出反应的能力……分析结构强调进行有组织地探索研究的原则……其重点是使学生熟练掌握对作品作出比较、分析和反应的技能"。❶ 强调诗词教育的分析结构，就是要改变诗词教育强调模仿结构的传统，改变将统一、"正确"的价值观和批判立场灌输给学生的教育模式，取而代之的，应是发展学生对作品的理解、分析能力，鼓励学生对诗词的多元理解的教育模式。就课业设置而言，应更多地设置开放式题目，引发学生对诗词自由、多元地分析与理解，并培养学生批判思维能力。在人民教育出版社实验版语文教科书课后习题设置上，已经展现出了分析模式的思路，例如：

《锦瑟》是李商隐诗词中最为难解的一篇，其主旨历来众说纷纭，有悼亡说、恋情说、自伤身世说等等。这首诗内容隐晦，意境凄迷，语言华美，给人以丰富的想象空间，可以说每一联都代表了一种意境，一种心绪，你能试着说说吗？❷

《雨巷》是一首含蓄的诗。人们对这首诗中的"姑娘"有不同的理解，有人认为"姑娘"就是"我"，有人认为"姑娘"相当于"我"心中的理想，还有人认为，

❶ 江山野. 简明国际教育百科全书·课程［M］. 北京：教育科学出版社，1997：279.

❷ 普通高中课程标准实验教科书语文必修 3 ［DB/OL］. http：//www. pep. com. cn/gzyw/jszx/kbjc/bx3/dzkb/200901/t20090104_540715. htm，2009 – 01 – 04 ［2009 – 01 – 17］.

"姑娘"就是"姑娘"，没有其他意思。你有什么看法？❶

　　分析模式的课业设置，不是用标准答案去固化学生的理解内容与方式，而是提供多种思路，引导学生自主分析，培养学生的理解与分析能力。实验版教科书的课业设置已经逐渐展现出了分析模式的思路，但模仿模式仍然是课业设置的主导思路。因此，弱化社会控制应加强分析模式的诗词教育，培养学生的理解、分析与批判能力，而不是培养学生的遵从、接受权威的特性。

　　其次，诗词教育还应从模仿结构走向衍生结构。分析结构能促进学生的理解、分析与批判能力的发展，但改革诗词教育不能止步于此，还应当走向衍生结构的教育方式。"衍生结构，在对待通过阅读而达到个体发展的目的与达到发展其评论技能两者之间，更重视前者……注重学生对作品的体验。但探究本身没有预定的结果，因为引导学生得出自己的结论比引导学生达到教师确定的目的更有价值"。路易斯·罗森布拉特指出了衍生结构的教育学意义在于："教学是通过阅读课文来引导学生进行自我评价，以提高其个人从课文激发思维能力的过程，思维发展的起点在于必须依靠每个人自己的努力，发挥自己的才智，针对课文的刺激组织相应反应，教师的任务就是促使形成良好的相互作用，或更确切地说，是引导具体阅读者对具体作品产生交流。"他还指出："所谓'诗'实际上是读者与作

---

❶　普通高中课程标准实验教科书语文必修 1 ［DB/OL］. http：//www. pep. com. cn/gzyw/jszx/kbjc/bx1/dzkb/200812/t20081215＿536991. htm，2008－12－15 ［2009－01－17］.

品之间产生的共鸣，所以所读的诗并非所写的诗。"❶ 由此看来，以模仿结构为特点的教育强调细节，注重关于诗人、诗词内涵的知识，而以分析结构为特点的教育注重发展学生的分析与批判能力。分析结构较之模仿结构更关注学生对于诗词的主动理解，但模仿结构与分析结构的教育重点都仍然指向诗词作品，不论是模仿结构下的记诵、接纳权威与主流解读，还是分析结构下的分析、批判主流解读。学生主体在教育活动中都不同程度地处于被忽视的地位。因此，诗词教育更应该以衍生结构为特点，注重学生与诗词之间的交流、感受，通过诗词学习达到个体发展的目的。正如森布拉特所言，"诗"实际上是读者与作品之间的共鸣。诗词教育，就是给学生以"共鸣"的自由，让学生表达他感觉到和他所想到的东西。学生的独立感受是最根本的。就课业设计而言，应通过设问学生对于诗词情感的理解，引发学生在诗词学习过程中与作品的交流。习题的设置，应让学生表达其个性化的理解而发展学生的独立感受，通过对作品的个性化体验，实现个体发展。现试以我国台湾地区"国文"教科书中部分诗词课后习题设置为例看诗词教育的衍生结构。

《小小的岛》讨论与练习：

"小鸟跳响在枝上，如琴键的起落"予人什么样的感觉？请加以分析。

---

❶ 江山野. 简明国际教育百科全书·课程［M］. 北京：教育科学出版社，1997：280.

读了本诗最后一节（"如果，我去了，将带着我的笛杖/那时我是牧童而你是小羊/要不，我去了，我便化做萤火虫/以我的一生为你点灯盏"），<u>请谈谈你的体会与感想</u>。❶

《车过枋寮》讨论与练习：

这首诗前三节每节的前四行形式都一样，而且重复使用"甜甜的""肥肥的"等形容词，<u>请说一说读后的感受</u>。❷

《四时读书乐》二首 讨论与练习：

本课两首诗的前四句和末一句所描写的景物，都可以想象成一幅画，<u>试选择其中一句用绘画表达出来，并向同学解说</u>。❸

《伞》《射手》讨论与练习：

"一柄顶天/顶着艳阳 顶着雨/顶着单纯儿歌的透明音符/自在自适的小小世界"，读过这样的诗句，<u>你有什么感想与体会</u>？

---

❶ 国民中学国文第五册［M］，台北："国立"编译馆，2000：14.
❷ 国民中学国文第二册［M］，台北："国立"编译馆，1999：18.
❸ 国民中学国文第四册［M］，台北："国立"编译馆，1999：22.

  <u>请你谈一谈读了《射手》这首诗的感想</u>。❶

  相比而言，大陆语文教科书课后习题的设置，却呈现出不同的面貌，以下为大陆语文教科书课后习题设置的例子。
  《我用残损的手掌》研讨与练习：

   细心体会诗人用"残损的手掌""抚摸"祖国土地时的种种感觉，<u>说说诗人内心深处情感的起伏变化</u>。❷

  《念奴娇·赤壁怀古》研讨与练习：

   在《念奴娇·赤壁怀古》中……作者营造了一种壮阔的意境。试分析这首词是怎样表现这种意境的？<u>抒发了词人怎样的感情</u>？❸

  《水龙吟·登建康赏心亭》《永遇乐·京口北固亭怀古》研讨与练习：

   在辛弃疾这两首词中，都提到了"英雄"，它们分别

---

❶ "国民"中学"国文"第四册［M］，台北："国立"编译馆，1999：32.

❷ 义务教育课程标准实验教科书语文九年级下册［DB/OL］. http：//www. pep. com. cn/czyw/jszx/tbjxzy/jx/dzkb/200703/t20070311_ 310796. htm，2007 – 03 – 11［2009 – 01 – 17］.

❸ 普通高中课程标准实验教科书语文必修 4［DB/OL］. http：//www. pep. com. cn/gzyw/jszx/kbjc/bx4/dzkb/200901/t20090104_ 541365. htm，2009 – 01 – 04［2009 – 01 – 17］.

指谁？表达了作者怎样的感情？❶

《醉花阴》《声声慢》研讨与练习：

　　中国古代诗词中有一些常见的意象，它们往往被赋予特定的含义。试找出几个像"梧桐雨""黄花""雁"这样有鲜明情感色彩的意象，说说它们表达了作者怎样的感受。❷

通过以上几个例子的简单对比可以看出我国台湾地区"国文"教科书与大陆语文教科书习题设置与诗词教育的不同特点。大陆诗词教育的模仿结构，注重引领学生去理解、探究"诗人""词人""作者"的感受，常使用的设问语句为："表达了作者怎样的感情？"我国台湾地区的诗词教育注重引领学生理解自己的感受，常使用的设问语句为："你有什么感想与体会？"这种设问方式，已经展现出了衍生结构的特点，即引导学生表达他感觉到的和他所想的东西，发展学生的独立感受。因此，弱化社会控制的努力，表现在习题设置方面，不仅应当从模仿结构发展到分析结构，更应当走向衍生结构。诗词教育重点并不在于特定历史知识的记忆，而在于学生与诗词之

---

❶　普通高中课程标准实验教科书语文必修 4 ［DB/OL］. http：//www. pep. com. cn/gzyw/jszx/kbjc/bx4/dzkb/200901/t20090104_541362. htm, 2009－01－04 ［2009－01－17］.

❷　普通高中课程标准实验教科书语文必修 4 ［DB/OL］. http：//www. pep. com. cn/gzyw/jszx/kbjc/bx4/dzkb/200901/t20090104_541360. htm, 2009－01－04 ［2009－01－17］.

间的共鸣所带来的独特感受与情感体验。

改革诗词教育文本的策略表现为：教科书内容选择的敞亮与卸重，教师教学用书解读的文艺性与衍生模式。然而，改革之根本，在于教育理念的变革。因此，弱化诗词教育的社会控制功能、突出诗词教育的审美与情感本质，关键在于革新教育理念，使教育真正回归到对人的培养的层面。教育对象是具体生动的个体，而不仅仅是社会的未来成员。教育的社会取向是必要的，但社会取向必须以个体为本位。在诗词教育中，发展学生灵动的思维、敏锐的情绪体验，让学生展开想象的翅膀，才能使学生体会到学习活动的诗意。只有在诗意的环境中，寻求诗的灵感与体验，才能更好地促进学生发展，从而为社会良性发展提供基础。

结语 追寻教育的诗意

一、现实：诗意的缺失与追寻

诗词是至纯至美的文学样式。诗人与词人用精炼、形象的语言和富有音乐美的韵律，借助丰富想象与优美意境表达着他们的深邃思想与细腻情感。诗人艾青说，诗歌"给思想以翅膀，给情感以衣裳，给声音以彩色，使流逝变幻者凝形"。诗词的特质之一就是"诗意"。从文学角度而言，诗意是《诗论·诗人论》诗词这一特定文体所独有的审美特征与美学风格的总体概括，突出表现为诗词的语言、情感和意境等方面所带来的审美体验。从教育角度而言，诗意是一种超越现实和功利、放飞想象和憧憬、充盈个性和自由、引领梦想和希冀的审美精神境界。

诗词是中国人精神世界一座不朽的丰碑，是民族文化的重要组成部分和载体。在这个诗的国度里，诗教传统源远流长。然而，当今的诗词教育却在强化诗词教化作用的过程中丢失了诗意。诗词教育，成为对诗词所承载的伦理内涵的教化。灵动的想象、丰富的情感、悠远的意境，这些体验与感受在伦理内涵面前显得十分微小。不止语文教育中如此，统观整个教育活动亦如是。在扩展与深化教育之社会功能的过程中，教育活动却渐渐丧失了诗意。它在不断满足社会现实的各种要求、服务于社会发展需要的过程中，不得不以一定程度上"限制"学生

169

的个性与自由、"禁锢"学生的想象与情感为代价。在教育活动中，学生难以获得对于教育内容乃至人生的诗意感受。

教育在本质上乃是培养人的活动。然而在传统与现实的各种力量影响之下，教育活动离这一本质越来越远，在以培养人为目的的过程中渐渐忽视了人的存在。追寻教育的诗意，就是要摆脱现实与功利的束缚，使教育重新回归到培养人这一本质上来。学生的发展是教育之首要目的。教育不仅仅是为了学生之未来的发展，更应当是学生在教育活动的此时此刻的发展。寻找教育的诗意，就是要使学生在教育活动的过程中，展开想象与创造的翅膀，体会各种情感，寻求美的体验，从而获得自由的、个性化的发展。

二、审视：教育的诗意是否为乌有之乡

诗意原初之意与诗词紧密联系。探寻诗意的教育是否可能，可以从探寻诗意的诗词教育是否可能入手。"传情"和"言志"是诗词功能的两种基本分野。诗词究竟负载了什么？诗教究竟应该承担什么功能？一种观点认为，"诗缘情而绮靡"，诗词除了高贵，什么都不承担，"如果诗仅仅是一种社会干预，那样的话，诗本身就没有意义了。诗的意义就在于它是鉴赏性的，或说鉴赏性是诗的意义的起点"。❶另一种观点认为，诗词发乎情而止乎礼义，"通过教育，使得那些典律化的作家和作品在读者和社会中树立起真正的典律地位，同时也在他们的脑海中生根发芽，固定于文学想象空间中。当前社会，英国人以莎士比亚为荣，德国人以歌德为豪，中国人以李

---

❶ 陈太胜. 西方文论研究专题［M］. 北京：北京大学出版社，2008：274.

白为傲，作家和作品已经不仅仅是对文学的认同，而涉及民族和社会群体的尊严"。❶ 后一种观点是传统诗教观的代表，也是当前诗教的现实作为。若只秉承后一种观点，坚持诗词内涵的沉重负载与诗教的温柔敦厚之教化功能，则会认为主情与主美之诗词教育是乌有之乡。

如同对诗教之诗意的认识一样，对教育内容的负载与教育功能的不同认识，也会导致是否笃信与追寻教育的诗意。将教育视为社会结构的有机组成部分，从社会系统运转的角度实施教育活动，教育将变为促进社会稳定与发展的工具，教育活动培养的是能满足社会需求的社会成员。尽管在教育的个体发展功能与社会发展功能方面，个体发展功能越来越受到重视与加强，但传统、习惯与现实需要等多种因素的强大影响力，使得教育之社会发展功能仍然占据主导性地位。人们在探求通过教育构建学生诗意人生的过程中不断前行，但却被传统的教育理念绊住脚步而使得前行的步伐变得缓慢。教育之诗意，似乎成为乌有之乡，美好但却遥不可及。

三、展望：向何处漫溯

"诗意"是教育作为培养人的活动所应具有的内在品质，现实的困境不应磨灭对理想的追寻。诗意的教育不是乌有之乡，而是能够且必须通过努力去逐步实现的理想。如何追寻教育的诗意？解决的方法之一在于厘清教育的内容应该有什么负载，教育的功能究竟是什么。从本研究对于作为教育内容的诗

❶ 张行涛. 必要的乌托邦：考选世界的社会学研究 [M]. 北京：北京师范大学出版社，2004：218.

171

歌经典的分析可以看出，教育内容的过于沉重负载会导致理性僭越情感，学生也将缺乏诗意感受。因此，追寻教育的诗意，首先需要在教育内容选择方面，为经典卸重，才能实现为学生卸重的目的。布卢姆指出："西方最伟大的作家们颠覆一切价值观，无论是我们的还是他们的。不少学者要求我们在柏拉图或《以赛亚书》中找到我们的道德和政治观的根源，但他们和我们所处的现实脱节了。假如我们读经典是为了形成社会的、政治的或个人的道德价值，那我坚信大家都会变成自私和压榨的怪物。我认为，为了服膺意识形态而阅读根本不能算阅读。获得审美力量能让我们知道如何对自己说话和怎样承受自己……阅读经典作品的真正作用是增进自我的成长。""虽然阅读、写作和教学当然属于社会行为，但甚至教学也有自己孤独的一面"。❶ 教育内容不应囿于意识形态，利用经典作品进行教育的真正作用是促进学生的自我成长。追寻教育的诗意，仅仅关注教育内容远远不够，更重要的努力在于更新教育理念，以超越现实和功利、充盈个性和自由的精神去开展教育活动。正如布卢姆所指出的，教育教学活动当然属于社会行为，但它们也有自己"孤独"的一面。这种"孤独"意味着教育不能成为社会其他系统的附属品，而应回归到以学生为本，引领学生放飞梦想和憧憬。

心灵自由、情感丰富、自我实现是对诗意教育的诠释。诗意的生存，是一种感受到自由、愉悦和美的存在的生存。追寻教育的诗意，是为了唤起学生美好的情感，给予学生自由的发

---

❶ 哈罗德·布卢姆，著. 西方正典：伟大作家和不朽作品 [M]. 江宁康，译. 南京：译林出版社，2005：21，26.

展空间，使学生能过着诗一般的生活，实现诗意的生存。教育的意义在于领悟、造就人生的诗意，终极目的是指向诗意的人生。教育是化育生命、滋养性情、陶冶灵魂、铸造精神的活动。只有向教育本质的深处漫溯，才能渐渐寻回教育的诗意。

主要参考文献

一、中文著作与译著类

［1］［美］艾略特，著.诗的效用与批评的效用［M］.杜国清，译.台北：纯文学出版社有限公司，1983.

［2］艾青.艾青全集（第三卷）［M］.石家庄：花山文艺出版社，1994.

［3］［法］布迪厄，华康德，著.实践与反思——反思社会学引导［M］.李猛，李康，译.北京：中央编译出版社，2004.

［4］蔡美惠.台湾中学"国文"教学研究［M］.广州：广东教育出版社，2006.

［5］蔡世明.近百年来"我国"中学国文教学的发展［M］.台北：文史哲出版社，2003.

［6］蔡艳.唐诗宋词艺术与文化审视［M］.昆明：云南大学出版社，2006.

［7］曹明海，陈秀春.语文教育文化学［M］.济南：山东教育出版社，2005.

［8］曹明海，张秀清.语文教育文化过程研究［M］.济南：山东人民出版社，2005.

［9］陈伯海.中国诗学之现代观［M］.上海：上海古籍出版社，2006.

［10］ 陈太胜.作品与阐释：文学教学引论［M］.广州：广东教育出版社，2006.

［11］ 陈太胜.西方文论研究专题［M］.北京：北京大学出版社，2008.

［12］ 陈雪虎.传统文学教育的现代启示［M］.广州：广东教育出版社，2006.

［13］［法］大卫·布鲁尔，著.知识和社会意象［M］.艾彦，译.北京：东方出版社，2001.

［14］［美］戴维·斯沃茨，著.文化与权力——布尔迪厄的社会学［M］.陶东风，译.上海：上海译文出版社，2006.

［15］［法］蒂费纳·萨莫瓦约，著.互文性研究［M］.邵炜，译.天津：天津人民出版社，2003.

［16］ 丁启阵.诗歌与人生［M］.北京：东方出版社，2005.

［17］［美］F.R.詹姆逊，著.詹姆逊文集（第3卷）：文化研究和政治意识［M］.王逢振，主编.北京：中国人民大学出版社，2004.

［18］ 傅大为."知识与权力"的空间：对文化、学术、教育的激进反思［M］.台北：桂冠图书公司，1990.

［19］［法］福柯，著.规训与惩罚［M］.刘北成，杨远婴，译.上海：生活·读书·新知三联书店，1999.

［20］［德］伽达默尔，著.哲学解释学［M］.夏镇平，宋建平，译.上海：上海译文出版社，1994.

［21］ 顾黄初，顾振彪.语文课程与语文教材［M］.北京：社会科学文献出版社，2001.

［22］［美］哈罗德·布卢姆，著.西方正典：伟大作家和不朽作品［M］.江宁康，译.南京：译林出版社，2005.

［23］［美］哈罗德·布卢姆，著.影响的焦虑［M］.徐文博，译.南京：江苏教育出版社，2006.

［24］［美］哈罗德·布卢姆，著.批评、正典结构与预言［M］.吴琼，译.北京：中国社会科学出版社，2000.

［25］［德］海德格尔，著.诗·语言·思［M］.彭富春，译.北京：文化艺术出版社，1990.

［26］［德］海德格尔，著.在通向语言的途中［M］.孙周兴，译.北京：商务印书馆，2004.

［27］何金兰.文学社会学理论评析：兼论在中国文学上的实践［M］.台北：桂冠图书股份有限公司，1989.

［28］［美］华勒斯坦，等，著.学科·知识·权力［M］.刘建芝，等，编译.北京：三联书店，1999.

［29］黄瑞祺.曼海姆：从意识形态论到知识社会学诠释学［M］.台北：巨流图书公司，2000.

［30］黄文吉.中国诗文中的情感［M］.台北：台湾书店，1998.

［31］洪子诚，刘登翰.中国当代新诗史［M］.北京：北京大学出版社，2005.

［32］江山野.简明国际教育百科全书·课程［M］.北京：教育科学出版社，1997.

［33］"教育部人文及社会学科教育指导委员会".选文研究：中小学国语文选文之评价与定位问题［M］.台北：三民书局，1993.

［34］［美］杰拉尔德·古特克，著.哲学与意识形态视野中的教育［M］.陈晓端，主译.北京：北京师范大学出版社，2008.

［35］ 金生鈜. 规训与教化［M］. 北京：教育科学出版社，2004.

［36］ ［德］卡尔·曼海姆，著. 意识形态与乌托邦［M］. 黎鸣，李书崇，译. 北京：商务印书馆，2002.

［37］ ［德］卡尔·曼海姆，著. 重建时代的人与社会：现代社会结构的研究［M］. 张旅平，译. 北京：三联书店，2002.

［38］ ［德］卡尔·曼海姆，著. 知识社会学导论［M］. 张明贵，译. 台北：风云论坛出版社，1998.

［39］ 柯灵. 遥寄张爱玲［C］//张爱玲. 张爱玲文集（第四卷）. 合肥：安徽文艺出版社，1992.

［40］ 柯庆明. 中国文学的美感［M］. 台北，麦田出版社，2006.

［41］ 邝健行. 中国诗歌与宗教［M］. 香港：中华书局（香港）公司，1999.

［42］ 李春青. 诗与意识形态——西周至两汉诗歌功能的演变与中国诗学观念的生成［M］. 北京：北京大学出版社，2005.

［43］ 李思屈. 中国诗学话语［M］. 成都：四川人民出版社，1999.

［44］ 连淑能. 语言、社会、文化［M］. 厦门：厦门大学出版社，2003.

［45］ 林语堂，著. 中国人［M］. 郝志东，沈益洪，译. 杭州：浙江人民出版社，1988.

［46］ 刘康. 对话的喧声——巴赫金的文化转型理论［M］. 北京：中国人民大学出版社，1995.

[47] 刘小枫，陈少明.诗学解诂 [M].北京：华夏出版
    社，2006.

[48] 龙泉明.中国新诗流变论 [M].北京：人民文学出版
    社，1999.

[49] 陆侃如，冯沅君.中国诗史 [M].天津：百花文艺出版
    社，2008.

[50] [美]罗斯·E.A，著.社会控制 [M].秦志勇，毛永政，
    译.北京：华夏出版社，1989.

[51] [德] 马克斯·舍勒，著.知识社会学问题 [M].艾彦，
    译.北京：华夏出版社，2000.

[52] [英] 麦克·F.D.扬，主编.知识与控制 [M].谢维和，
    朱旭东，译.上海：华东师范大学出版社，2002.

[53] [美] 迈克尔·W.阿普尔，著.意识形态与课程 [M].
    黄忠敬，译.上海：华东师范大学出版社，2001.

[54] [美] 迈克尔·W.阿普尔，主编.教科书政治学 [M].
    侯定凯，译.上海：华东师范大学出版社，2005.

[55] 欧用生，陈伯璋.课程与教学的飨宴 [M].高雄：高雄
    复文图书出版社，2003.

[56] 潘丽珠.台湾现代诗教学研究 [M].台北：五南图书出
    版公司，1999.

[57] 裴娣娜.教育研究方法导论 [M].合肥：安徽教育出版
    社，1994.

[58] [美] 乔伊斯·P.高尔，M.D.高尔、沃尔特·R.博格，
    著.教育研究方法：实用指南 [M].屈书杰，郭书彩，
    胡秀国，译.北京：北京大学出版社，2007.

[59] 覃召文，刘晟.中国文学的政治情结 [M].广州：广东

人民出版社，2006.

［60］苏光文，胡国强.20世纪中国文学发展史［M］.重庆：西南师范大学出版社，2008.

［61］孙琴安.唐诗与政治［M］.上海：上海人民出版社，2003.

［62］陶东风.当代中国的文化批评［M］.北京：北京大学出版社，2006.

［63］陶文鹏.唐宋诗美学与艺术论［M］.天津：南开大学出版社，2003.

［64］［英］特雷·伊格尔顿，著.二十世纪西方文学理论［M］.武晓明，译.西安：陕西师范大学出版社，1986.

［65］童庆炳.文化与诗学［M］.北京：北京大学出版社，2008.

［66］汪民安.福柯的界线［M］.北京：中国社会科学出版社，2002.

［67］王康.社会学辞典［M］.济南：山东人民出版社，1988.

［68］王南.中国诗性文化与诗观念［M］.成都：四川民族出版社，2002.

［69］王世朝.中国诗歌［M］.上海：同济大学出版社，2007.

［70］王岳川.二十世纪西方哲性诗学［M］.北京：北京大学出版社，1999.

［71］王志清.诗学德本精神［M］.济南：齐鲁书社，2007.

［72］王宗文.中国文化之深层结构［M］.台北：新文丰出版公司，1995.

［73］吴冰沁，张志刚，孟祥英.走进高中语文教学现场［M］.北京：首都师范大学出版社，2008.

[74] 吴钢.知识演化与社会控制 [M].北京：教育科学出版社，2002.

[75] 吴康宁.课程社会学研究 [M].南京：江苏教育出版社，2004.

[76] 吴永军.课程社会学 [M].南京：南京师范大学出版社，1999.

[77] 向明.诗中天地宽 [M].台北，台湾商务印书馆股份有限公司，2006.

[78] 谢维和.教育活动的社会学分析 [M].北京：教育科学出版社，2000.

[79] [古希腊] 亚里士多德，著.诗学 [M].罗念生，译.上海：上海人民出版社，2006.

[80] 杨桂华.转型社会控制论 [M].太原：山西教育出版社，1998.

[81] 姚素珍.香港中学文学教学研究 [M].广州，广东教育出版社，2006.

[82] [加拿大] 英格丽德·约翰斯顿，著.重构语文世界 [M].郭洋生，邓海，译.北京：教育科学出版社，2007.

[83] 俞吾金.意识形态论 [M].上海：上海人民出版社，1993.

[84] 张人杰.国外教育社会学基本文选 [M].上海：华东师范大学出版社，1989.

[85] 张同吾.诗歌的审美期待 [M].合肥：安徽文艺出版社，2006.

[86] 张行涛.必要的乌托邦：考选世界的社会学研究 [M].

北京：北京师范大学出版社，2004．

［87］张意．文化与符号权力：布尔迪厄的文化社会学导论［M］．北京：中国社会科学出版社，2005．

［88］赵殿成．王右丞集笺注［M］．上海：上海古籍出版社，1984．

［89］赵敏俐．中国诗歌研究动态（新诗卷）［M］．北京：学苑出版社，2008．

［90］赵宪章．文艺学方法通论［M］．杭州：浙江大学出版社，2006．

［91］郑国民．当代语文教育论争［M］．广州：广东教育出版社，2006．

［92］钟以俊．美学视野中的学校教育［M］．广州：广东教育出版社，2006．

［93］中正大学教育学研究所．教育学研究方法［M］．高雄：丽文文化事业公司，2001．285－313．

［94］中外母语教材比较研究课题组．汉语文教材评介［M］．南京：江苏教育出版社，2000．

［95］周笃文．宋词［M］．上海：上海古籍出版社，1980．

［96］朱绍禹．中学语文教材概观［M］．北京：人民教育出版社，1997．

［97］朱水涌，李晓红．中国现当代文学［M］．北京：科学出版社，2000．

［98］朱学坤，徐武汉，魏星．语文的魅力［M］．成都：四川教育出版社，2005．

［99］朱自清．诗言志辨［M］．桂林：广西师范大学出版社，2004．

［100］庄蕙绮.中唐诗歌的美学意涵［M］.台北：新文丰出版
　　　股份有限公司，2006.

［101］左海伦.诗论：文学的贵族［M］.台北：台湾商务印书
　　　馆股份有限公司，2003.

二、中文期刊类

［1］鲍宗豪，李振.社会控制的哲学反思［J］.哲学研究，
　　2000（12）.

［2］曹文轩.重说历史——在真实与虚构之间［J］.江苏行政
　　学院学报，2003（1）.

［3］曹影.教化的缘起及其意蕴［J］.长春：东北师范大学学
　　报（哲学社会科学版），2006（3）.

［4］陈良运.中国艺术理论美学品质初探［J］.文艺理论研究，
　　2007（3）.

［5］陈太胜.文学经典与文化研究的身份政治［J］.文艺研究，
　　2005（10）.

［6］陈宇航.同谋还是反抗——《文化与符号权力》简评
　　［J］.国外理论动态，2006（8）.

［7］陈元勋.新课改背景下的语文诗教［J］.教育理论与实践，
　　2007（11）.

［8］程玉缀.中国古典诗词译解方法之浅见［J］.北京大学学
　　报（哲学社会科学版），2005，42（6）.

［9］道格拉斯·基尔，著.由诗学到修辞学再走回来：文学与
　　话语［J］.变哩，译.外国文学，2006（4）.

［10］段从学.现代新诗视野与古典文学传统［J］.北京大学学
　　报（哲学社会科学版），2007（4）.

［11］范兰德.诗词意境及类型与人格关系的文化阐释［J］.文学研究，2007（4）.

［12］冯铁山.诗化德育的基本内涵与现代价值［J］.教育评论，2006（2）.

［13］顾振彪.关于语文教科书的选文问题［J］.语文建设，2007（7－8）.

［14］顾振彪.面向21世纪的高中语文教材［J］.中学语文，2001（1）.

［15］郭树芹.《诗经》的教化功能及诗学解读［J］.兰州大学学报（社会科学版），2005，33（1）.

［16］何怀远，田佑中.社会哲学视野中的社会控制［J］.哲学研究，2000（1）.

［17］洪子诚.当代诗歌的"边缘化"问题［J］.文艺研究，2007（5）.

［18］胡春光，杨宁芳.布迪厄的教育社会学思想除魅——作为符号权力的文化［J］.外国教育研究，2005（7）.

［19］姜玉琴.唯美的艺术——中国古典诗歌的审美主流［J］.中国文学研究，2005（1）.

［20］蓝棣之.论社会、历史对新诗形式演变的影响［J］.文艺研究，2005（8）.

［21］李松玉.社会权威主导形式历史演变的阶段性分析［J］.理论学刊，2003（2）.

［22］李松玉.制度与制度权威［J］.延边大学学报（社会科学版），2003（2）.

［23］李咏吟.诗与哲学：重建诗思的内在和谐［J］.文艺评论，2007（4）.

［24］李元胜.诗歌语言论探微［J］.探索，1991（3）.

［25］刘郦.知识与权力——科学知识的政治学［J］.哲学研究，2002（2）.

［26］刘文勇.为天下而教化：儒家教化说之精神再检讨［J］.西南大学学报（社会科学版），2007，33（4）.

［27］刘真福.建国以来中学文学教育述评［J］.课程·教材·教法，2001（6）.

［28］陆贵山.重构文学的政治维度［J］.华中师范大学学报（人文社会科学版），2008，47（3）.

［29］吕进.中国文化与中国诗歌［J］.江汉论坛，2005（7）.

［30］穆怀中.社会控制概念和结构［J］.社会学研究，1988（3）.

［31］南京师范大学"课程的社会学研究"课题组.课程的社会学研究简论［J］.教育研究，1997（9）.

［32］欧阳马田.现代化进程中的社会控制［J］.社会学研究，1990（2）.

［33］［法］P.利柯尔，著.言语的力量——科学与诗歌［J］.朱国均，译.世界哲学，1986（6）.

［34］彭金山.新诗：行进中的寻找和失落［J］.文学评论，2007（5）.

［35］钱理群，孙绍振.中学语文教育改革对谈［J］.书屋，2005（9）.

［36］乔治·列索.社会学理论的范式分析［J］.社会学（中国人民大学书复印报刊资料），1990（3）.

［37］邱美琼，胡建次.建构与消解：古典诗学中的政教审美原则论［J］.社会科学辑刊，2007（6）.

［38］ 邵京起.诗教——我国优秀的教育传统［J］.教育科学，1989（1）.

［39］ 宋俭.语文课堂——生命诗意的栖居地［J］.中国教育学刊，2006（11）.

［40］ 孙德旭，曲奎国，姜爱玲."诗教"的德育功能及其实施［J］.山东教育科研，1996（4）.

［41］ 孙晓娅，霍俊明，等.中学新诗教育：在夹缝中寻找道路［J］.语文建设，2008（7－8）.

［42］ 檀传宝.论文化与教育的三种境界［J］.南京师范大学学报（社会科学版），1994（2）.

［43］ 陶东风.关于《Q版语文》与大话文化现象的讨论［J］.当代文坛，2005（3）.

［44］ 童建军，刘光斌.网络恶搞红色经典及其批评［J］.当代青年研究，2007（6）.

［45］ 王建疆.中国诗歌史：自然维度的失落与重建［J］.文学评论，2007（2）.

［46］ 王柯平.哲学与诗歌为何而争［J］.哲学研究，2004（3）.

［47］ 王书道.社会控制的社会哲学意蕴［J］.东岳论丛，2002（6）.

［48］ 王岳.我国中小学教材建设的现状、问题和改革建议［J］.国家高级教育行政学院学报，2001（2）.

［49］ 吴康宁.简论课程社会学研究的功用［J］.课程·教材·教法，2000（11）.

［50］ 吴康宁."课程内容"的社会学释义［J］.教育评论，2000（5）.

[51] 吴康宁. 课程社会学的研究对象 [J]. 上海教育科研，2002 (9).

[52] 徐定辉. "诗言志" 与 "诗缘情" 辨疑 [J]. 中南民族大学学报 (人文社会科学版)，2007, 27 (3).

[53] 许经田. 典律、共同论述与多元社会 [J]. 中外文学，1992, 21 (2).

[54] 殷明耀. 中国古典诗歌的哲学维度 [J]. 北方论丛，2007 (5).

[55] 闫承利. 教育的诗化与诗教的艺术 [J]. 山东教育科研，1996 (4).

[56] 闫引堂. 当前西方教育政治学研究的主要进展及启示 [J]. 湖南师范大学教育科学学报，2008, 7 (2).

[57] 阎真. 互联网与后文学时代 [J]. 文艺理论与批评，2004 (4).

[58] 杨金梅. 接受史视野中的古典诗歌研究 [J]. 浙江学刊，2007 (3).

[59] 杨明. 言志与缘情辨 [J]. 上海：上海师范大学学报，2007, 36 (1).

[60] 杨叔子. 文化要传承 诗教应先行 [J]. 教育与职业，2004 (1).

[61] 杨子怡. 经典的生成与文学的合法性——文化生产场域视野中的传统诗经学考察 [J]. 西北师范大学学报 (社会科学版)，2005 (7).

[62] 曾天山. 论教材文化中的性别偏见 [J]. 西北师范大学学报，1995 (4).

[63] 查有梁. 发扬诗教功能建构诗意人生——兼评《诗意语

文学本》［J］. 中国教育学刊，2007（4）.

［64］张厚感，李峰. 平心说语文［J］. 中学语文，2008（7）.

［65］张行涛. 考试的社会学概观［J］. 教育理论与实践，2000
（3）.

［66］张意. 符号权力和抵抗政治——布迪厄的文化理论［J］.
国外理论动态，2003（3）.

［67］郑临川. 闻一多先生说唐诗（下）［J］. 社会科学辑刊，
1979（5）.

［68］郑敏. 诗歌与文化——诗歌·文化·语言（上）［J］. 诗
探索，1995（1）.

［69］郑敏. 诗歌与文化——诗歌·文化·语言（下）［J］. 诗
探索，1995（2）.

［70］钟启泉. "学校知识"与课程标准［J］. 教育研究，2000
（11）.

［71］周裕锴. 中国古典诗歌的文本类型与阐释策略［J］. 北京
大学学报（哲学社会科学版），2005，42（6）.

［72］朱国华. 文学权力：文学的文化资本［J］. 求是学刊，
2001，28（4）.

［73］朱晓进. 文学与政治：从非整合到整合——20世纪中国
文学的政治化思潮管见［J］. 社会科学辑刊，1995（5）.

三、学位论文类

［1］陈爱中. 中国现代新诗语言研究［D］. 长春：东北师范大
学，2006.

［2］陈学祖. 全球化时代的中国新诗危机及其所面临的艺术问
题［D］. 上海：华东师范大学，2004.

［3］邓新华.中国古代诗学解释学研究［D］.武汉：华中师范大学，2006.

［4］段吉方.意识形态与政治批评——伊格尔顿文学思想研究［D］.杭州：浙江大学，2004.

［5］方钰.伊格尔顿意识形态理论探要［D］.上海：复旦大学，2006.

［6］冯若春."他者"的眼光——论北美汉学家关于"诗言志""言意关系"的研究［D］.成都：四川大学，2004.

［7］傅建明.我国小学语文教科书价值取向研究［D］.上海：华东师范大学，2002.

［8］傅守祥.欢乐诗学：消费时代大众文化的审美想象［D］.杭州：浙江大学，2005.

［9］高建青.作为政治的文学语言［D］.武汉：华中科技大学，2006.

［10］高蔚."纯诗"及其中国化研究［D］.上海：华东师范大学，2006.

［11］侯敏.现代新儒家文化诗学研究［D］.苏州：苏州大学，2002.

［12］胡建次.中国古代文论承传研究［D］.上海：复旦大学，2006.

［13］胡西东.1950－1980 新文学史著作文学史观念研究［D］.成都：四川大学，2007.

［14］胡志颖.文学彼岸性研究［D］.广州：暨南大学，2002.

［15］霍俊明.当代新诗史写作问题研究［D］.北京：首都师范大学，2006.

［16］孔建平.文艺美学的维度［D］.南京：南京师范大

学，2003.

[17] 李必桂.艺术作为存在的根本发生［D］.武汉：武汉大学，2004.

[18] 李光彩.文化经典的建构与接受［D］.保定：河北大学，2006.

[19] 李海霞.危机下的文学图景［D］.上海：上海大学，2007.

[20] 李红.中国传统诗教批判［D］.广州：华南师范大学，2003.

[21] 李凯.儒家元典与中国诗学［D］.成都：四川大学，2002.

[22] 李淑云.王维接受研究［D］.上海：华东师范大学，2006.

[23] 李卫涛.中国新诗观念和中国古诗观念的变异性关联研究［D］.成都：四川大学，2005.

[24] 李志元.当代诗歌话语形态及其变迁［D］.北京：北京师范大学，2006.

[25] 李子芯.审美与政治的交融——伊格尔顿的意识形态理论研究［D］.桂林：广西师范大学，2006.

[26] 林采凤.台湾高中国文现行教科书研究［D］.福州：福建师范大学，2002.

[27] 凌欣欣.意在言外：对中国古典诗论中一个美学观念的研究［D］.台湾：中国文化大学，2005.

[28] 刘士林.20世纪中国学人之诗研究［D］.南京：南京师范大学，2002.

[29] 刘文旋.知识社会学：从马克思到曼海姆［D］.北京：中

国社会科学院，2001.

[30] 刘文勇.价值理性与中国文论 [D].成都：四川大学，2002.

[31] 栾慧.中国现代新诗接受研究 [D].成都：四川大学，2007.

[32] 罗生全.符号权力支配下的课程文化资本运作研究 [D].重庆：西南大学，2008.

[33] 秦维红.论文化的意识形态性 [D].北京：北京大学，1997.

[34] 宋学清.艰难跋涉的"文学性" [D].长春：东北师范大学，2006.

[35] 孙辉.批评的文化之路——20 世纪末以来文学批评研究 [D].广州：暨南大学，2003.

[36] 孙盛涛.政治与美学的变奏——西方马克思主义文艺思想的逻辑演进 [D].济南：山东师范大学，2005.

[37] 王倩.朱熹"《诗》教"思想研究 [D].北京：北京师范大学，2006.

[38] 王书婷.为情感赋形：新诗节奏与意象的理论与实践（1917～1937）[D].武汉：华中科技大学，2006.

[39] 王艳霞.课程中的文化选择 [D].北京：中央民族大学，2007.

[40] 魏天无.九十年代诗论研究——新诗现代性追求的演进与转折 [D].武汉：华中师范大学，2004.

[41] 温恕.文学生产论：从布莱希特到伊格尔顿 [D].成都：四川大学，2003.

[42] 吴惟义.学校教育与意识形态相关性问题研究 [D].天

津：南开大学，2006.

［43］吴智光.香港与内地语文教育中文化成分的比较［D］.北京：北京师范大学，2001.

［44］叶世祥.20世纪中国审美主义思想研究［D］.杭州：浙江大学，2004.

［45］於爱萍.中学语文诗歌教学的缺失与审美回归［D］.南京：南京师范大学，2004.

［46］余华琼.传统诗教的文化内涵分析［D］.武汉：华中科技大学，2004.

［47］袁爱群.从诗意的"放逐"到诗意的"回归"［D］.上海：华东师范大学，2005.

［48］袁先来.德里达诗学研究［D］.长春：东北师范大学，2006.

［49］曾毅.20世纪中国语文教育批评研究［D］.上海：华东师范大学，2006.

［50］翟恒兴.走向历史诗学［D］.杭州：浙江大学，2006.

［51］张公善.批判与救赎——从存在论美学到生活诗学［D］.杭州：浙江大学，2005.

［52］张红军.共生与互动——对中国20世纪前期文学观念变革与语言变革关系的考察［D］.济南：山东大学，2007.

［53］张立群.中国新诗与政治文化［D］.北京：首都师范大学，2006.

［54］张怡.作为符号权力的文化：皮埃尔·布迪厄的文化社会学导论［D］.北京：北京师范大学，2002.

［55］赵晓芳.存在、艺术与诗［D］.上海：复旦大学，2004.

[56] 郑雪.高中语文古典诗词情感教学的研究 [D].桂林：广西师范大学，2006.

[57] 钟华.诗与思的对话 [D].成都：四川大学，2004.

[58] 周乔建.中国古代文学"教化论"研究 [D].广州：暨南大学，2003.

[59] 朱国华.权力的文化逻辑：布迪厄的社会学诗学 [D].上海：复旦大学，2003.

四、外文著作类

[1] B. Massialas. Political Youth, Traditional Schools [M]. Englewood Cliffs, N. J. Prentice – Hall, 1972.

[2] Bernard, H. Russell. Social Research Methods：Qualitative and Quantitative Approaches [M]. California：Sage Publications Inc, 2000.

[3] David L. Sills, International Encyclopedia of Social Sciences [M]. The Macmillan Company & The Free Press, Volume 14, 1978.

[4] Lawrence J. Saha, International Encyclopedia of the Sociology of Education [M]. Oxford：lsevier, 1997.

[5] Norman Fairclough, Language and Power [M]. LONGMAN, London and New York, 1989.

附　　录

附录1　人民教育出版社编著的四套
语文教科书中的诗词

1981 年版　初中

第一册

1. 浣溪沙·和柳亚子先生（毛泽东）

2. 天上的街市（郭沫若）

30. 诗八首　（1）敕勒歌（佚名）　（2）鸟鸣涧（王维）（3）静夜思（李白）　（4）蚕妇（张俞）　（5）回乡偶书（贺知章）　（6）凉州词（王之涣）　（7）江畔独步寻花（杜甫）　（8）晓出净慈寺送林子方（杨万里）

第二册

12. 梅岭三章（陈毅）

13. 回延安（贺敬之）

30. 诗词八首　（1）卖炭翁（白居易）　（2）长歌行（佚名）　（3）芙蓉楼送辛渐（王昌龄）　（4）秋浦歌（李白）　（5）江南春绝句（杜牧）　（6）惠崇《春江晚景》（苏轼）　（7）江南逢李龟年（杜甫）　（8）舟夜书所见

（查慎行）

第三册

21. 周总理，你在哪里（柯岩）

30. 诗词八首 （1）木兰诗（佚名） （2）望天门山（李白） （3）十一月四日风雨大作（陆游） （4）石灰吟（于谦）（5）杜少府之任蜀州（王勃） （6）春夜喜雨（杜甫） （7）忆江南（白居易） （8）渔歌子（西塞山前）（张志和）

第四册

10. 诗三首 （1）青纱帐——甘蔗林（郭小川） （2）黎明的通知（艾青） （3）我为少男少女们歌唱（何其芳）

30. 诗词七首 （1）观沧海（曹操） （2）石壕吏（杜甫） （3）送元二使安西（王维） （4）别董大（高适）（5）钱塘湖春行（白居易） （6）如梦令（常记溪亭日暮）（李清照）（7）西江月（明月别枝惊鹊）（辛弃疾）

第五册

10. 革命烈士诗三首 （1）口占一绝（李大钊）（2）狱中诗（恽代英） （3）南京书所见（李少石）

11. 有的人——纪念鲁迅有感（臧克家）

30. 诗词六首 （1）白雪歌送武判官归京（岑参）（2）黄鹤楼（崔颢） （3）送友人（李白） （4）过零丁洋（文天祥） （5）浣溪沙（山下兰芽短浸溪）（苏轼） （6）清平乐 村居（辛弃疾）

第六册

1. 沁园春 雪（毛泽东）

30. 诗词曲六首 （1）陌上桑（佚名）（2）观猎（王维）（3）闻官军收河南河北（杜甫）（4）渔家傲·秋思（范仲淹）（5）山坡羊·潼关怀古（张养浩）（6）朝天子·咏喇叭（佚名）

1981 年版　高中

第一册

21.《诗经》二首 （1）伐檀 （2）硕鼠

第二册

6. 词二首 （1）沁园春·长沙（毛泽东）（2）水调歌头·游泳（毛泽东）

7. 一月的哀思（李瑛）

8. 王贵与李香香（李季）

第三册

20. 唐诗二首 （1）梦游天姥吟留别（李白）（2）茅屋为秋风所破歌（杜甫）

21. 孔雀东南飞（并序）（佚名）

第四册

21. 宋词二首 （1）念奴娇·赤壁怀古（苏轼）（2）永遇乐·京口北固亭怀古（辛弃疾）

第五册

6. 诗二首 （1）静夜（闻一多） （2）春鸟（臧克家）

19. 唐诗二首 （1）行路难（其一）（李白） （2）兵车行（杜甫）

20. 宋词二首 （1）雨霖铃（寒蝉凄切） （柳永）（2）扬州慢（淮左名都）（姜夔）

第六册

6. 大堰河——我的保姆（艾青）

7. 西去列车的窗口（贺敬之）

19. 诗二首 （1）归园田居（其一）（陶渊明） （2）饮酒（其五）（陶渊明）

20. 涉江（屈原）

1987 年版　初中

第一册

29. 诗三首 （1）敕勒歌（佚名） （2）回乡偶书（贺知章） （3）凉州词（王之涣）

第二册

39. 诗五首 （1）卖炭翁（白居易） （2）秋浦歌（李白） （3）江南春绝句（杜牧） （4）惠崇《春江晚景》（苏轼） （5）江南逢李龟年（杜甫）

第三册

26. 周总理，你在哪里（柯岩）

28. 回延安（贺敬之）

29. 天上的街市（郭沫若）

40. 诗词七首　（1）木兰诗（佚名）　（2）望天门山（李白）　（3）十一月四日风雨大作（陆游）　（4）杜少府之任蜀州（王勃）　（5）春夜喜雨（杜甫）　（6）忆江南（白居易）　（7）渔歌子（西塞山前）（张志和）

第四册

28. 诗词六首　（1）观沧海（曹操）　（2）石壕吏（杜甫）　（3）送元二使安西（王维）　（4）钱塘湖春行（白居易）　（5）如梦令（常记溪亭日暮）（李清照）　（6）西江月（明月别枝惊鹊）（辛弃疾）

第五册

1. 沁园春·雪（毛泽东）

2. 有的人——纪念鲁迅有感（臧克家）

4. 革命烈士诗三首　（1）口占一绝（李大钊）　（2）狱中诗（恽代英）　（3）南京书所见（李少石）

5. 你，浪花里的一滴水（魏钢焰）

1987 年版　高中

第四册

11. 词两首　（1）沁园春·长沙（毛泽东）　（2）水调歌头·游泳（毛泽东）

12. 大堰河——我的保姆（艾青）

13. 中国当代新诗两首 （1）就是那一只蟋蟀（流沙河）
（2）致橡树（舒婷）

第五册

4. 《诗经》两首 （1）伐檀 （2）硕鼠

5. 涉江（屈原）

6. 孔雀东南飞（并序）（佚名）

7. 陶渊明诗两首 （1）归园田居（其一） （2）饮酒
（其五）

第六册

10. 唐诗三首 （1）梦游天姥吟留别（李白） （2）茅
屋为秋风所破歌（杜甫） （3）琵琶行（并序）（白居易）

11. 宋词两首 （1）念奴娇·赤壁怀古（苏轼） （2）
永遇乐·京口北固亭怀古（辛弃疾）

12. 宋词两首 （1）雨霖铃（寒蝉凄切） （柳永）
（2）扬州慢（淮左名都）（姜夔）

2000 年版　初中

第一册

25. 诗五首 （1）归园田居（其三）（陶渊明） （2）过
故人庄（孟浩然） （3）钱塘湖春行（白居易） （4）书湖
阴先生壁（王安石） （5）游山西村（陆游）

27. 木兰诗（佚名）

30. 诗词五首 （1）观沧海（曹操） （2）次北固山下

（王湾）　（3）望岳（杜甫）　（4）如梦令（常记溪亭日暮）（李清照）　（5）西江月（明月别枝惊鹊）（辛弃疾）

第二册

25. 诗五首　（1）送杜少府之任蜀州（王勃）　（2）黄鹤楼（崔颢）　（3）酬乐天扬州初逢席上见赠（刘禹锡）（4）泊秦淮（杜牧）　（5）夜雨寄北（李商隐）

30. 诗词五首　（1）龟虽寿（曹操）　（2）石壕吏（杜甫）　（3）相见欢（无言独上西楼）（李煜）　（4）观书有感（朱熹）　（5）清平乐 村居（辛弃疾）

第三册

16. 郭沫若诗两首　（1）天上的街市　（2）静夜

17. 现代诗三首　（1）纸船·寄母亲（冰心）　（2）我是一条小河（冯至）　（3）色彩（闻一多）

18. 我为少男少女们歌唱（何其芳）

19. 乡愁诗两首　（1）乡愁（余光中）　（2）乡愁（席慕容）

25. 诗五首（1）使至塞上（王维）　（2）闻王昌龄左迁龙标遥有此寄（李白）　（3）春望（杜甫）　（4）登飞来峰（王安石）　（5）论诗（赵翼）

30. 诗词五首（1）渡荆门送别（李白）　（2）秋词（刘禹锡）　（3）赤壁（杜牧）　（4）过零丁洋（文天祥）　（5）浣溪纱（山下兰芽短浸溪）（苏轼）

第四册

25. 诗词五首 （1）题破山寺后禅院（常建） （2）左迁至蓝关示侄孙湘（韩愈） （3）别云间（夏完淳） （4）水调歌头（明月几时有）（苏轼） （5）醉花阴（薄雾浓云愁永昼）（李清照）

30. 诗歌五首 （1）白雪歌送武判官归京（岑参）（2）雁门太守（李贺）（3）无题（李商隐） （4）天净沙·秋思（马致远） （5）山坡羊·潼关怀古（张养浩）

第五册

25. 诗词五首 （1）茅屋为秋风所破歌（杜甫）（2）南国（李贺） （3）梦江南（梳洗罢） （温庭筠）（4）十一月四日风雨大作（陆游） （5）己亥杂诗（龚自珍）

30. 诗词五首 （1）饮酒（其五）（陶渊明） （2）望洞庭湖赠张丞相（孟浩然） （3）行路难（其一）（李白）（4）观刈麦（白居易） （5）渔家傲·秋思（范仲淹）

第六册

1. 黎明的通知（艾青）

2. 有的人——纪念鲁迅有感（臧克家）

3. 回延安（贺敬之）

4. 雨说——为生活在中国大地上的儿童而歌（郑愁予）

25. 诗词五首 （1）汉江临眺（王维） （2）宣州谢朓楼饯别校书叔云（李白） （3）浣溪纱（一曲新词）（晏殊）（4）江城子·密州出猎（苏轼） （5）破阵子 为陈同甫赋壮

词以寄之（辛弃疾）

30.《诗经》三首　（1）关雎　（2）蒹葭　（3）君子于役

2000年版　高中

第一册

1.毛泽东词二首　（1）沁园春·长沙　（2）采桑子·重阳

2.中国现代诗三首　（1）再别康桥（徐志摩）　（2）死水（闻一多）　（3）赞美（穆旦）

3.中国当代诗三首　（1）错误（郑愁予）　（2）致橡树（舒婷）　（3）面朝大海，春暖花开（海子）

第三册

1.《诗经》三首　（1）氓　（2）无衣　（3）静女

2.离骚（节选）（屈原）

3.孔雀东南飞（并序）（佚名）

4.汉魏晋诗三首　（1）迢迢牵牛星（佚名）　（2）白马篇（曹植）　（3）归园田居（其一）（陶渊明）

5.梦游天姥吟留别（李白）

6.琵琶行（并序）（白居易）

7.近体诗六首　（1）山居秋暝（王维）　（2）登高（杜甫）　（3）蜀相（杜甫）　（4）石头城（刘禹锡）　（5）锦瑟（李商隐）　（6）书愤（陆游）

8.词七首　（1）虞美人（春花秋月何时了）（李煜）（2）雨霖铃（寒蝉凄切）（柳永）　（3）念奴娇·赤壁怀古（苏轼）　（4）鹊桥仙（纤云弄巧）（秦观）　（5）声声慢

（寻寻觅觅）（李清照）　（6）永遇乐·京口北固亭怀古（辛弃疾）　（7）扬州慢（淮左名都）（姜夔）

第五册

14. 蜀道难（李白）

15. 将进酒（李白）

16. 兵车行（杜甫）

17. 杜甫诗五首　（1）客至　（2）旅夜书怀　（3）咏怀古迹（其三）　（4）阁夜　（5）登岳阳楼

实验版　初中

七年级上册

1. 在山的那边（王家新）

6. 理想（流沙河）

7. 秋天（何其芳）

15. 古代诗五首　（1）观沧海（曹操）　（2）次北固山下（王湾）　（3）钱塘湖春行（白居易）　（4）西江月（明月别枝惊鹊）（辛弃疾）（5）天净沙 秋思（马致远）

24. 纸船·寄母亲（冰心）

27. 郭沫若诗两首　（1）天上的街市　（2）静夜

七年级下册

6. 黄河颂（光未然）

10. 木兰诗（佚名）

八年级上册

25. 杜甫诗三首　（1）望岳　（2）春望　（3）石壕吏

30. 诗四首　（1）归园田居（其三）（陶渊明）　（2）使至塞上（王维）　（3）渡荆门送别（李白）　（4）游山西村（陆游）

八年级下册

25. 诗词曲五首　　（1）酬乐天扬州初逢席上见赠（刘禹锡）　（2）赤壁（杜牧）　（3）过零丁洋（文天祥）（4）水调歌头（明月几时有）（苏轼）　（5）山坡羊 潼关怀古（张养浩）

30. 诗五首　（1）饮酒（其五）（陶渊明）　（2）行路难（其一）（李白）　（3）茅屋为秋风所破歌（杜甫）　（4）白雪歌送武判官归京（岑参）　（5）己亥杂诗（龚自珍）

九年级上册

1. 沁园春·雪（毛泽东）

2. 雨说——为生活在中国大地上的儿童而歌（郑愁予）

3. 星星变奏曲（江河）

25. 词五首　　（1）望江南（梳洗罢）（温庭筠）　（2）渔家傲·秋思（范仲淹）　（3）江城子·密州出猎（苏轼）（4）武陵春·春晚（李清照）　（5）破阵子·为陈同甫赋壮词以寄之（辛弃疾）

九年级下册

1. 诗两首　（1）我爱这土地（艾青）　（2）乡愁（余光

中）

2. 我用残损的手掌（戴望舒）

3. 祖国啊，我亲爱的祖国（舒婷）

24.《诗经》两首 （1）关雎 （2）蒹葭

实验版　高中

必修1

1. 沁园春·长沙（毛泽东）

2. 诗两首 （1）雨巷（戴望舒） （2）再别康桥（徐志摩）

3. 大堰河——我的保姆（艾青）

4. 中外短诗五首（其中中国诗歌三首） （1）断章（2）风雨 （3）错误

必修2

4.《诗经》两首 （1）氓 （2）采薇

5. 离骚（屈原）

6. 孔雀东南飞（并序）（佚名）

7. 诗三首 （1）涉江采芙蓉（《古诗十九首》佚名）（2）短歌行（曹操） （3）归园田居（其一）（陶渊明）

必修3

4. 蜀道难（李白）

5. 杜甫诗三首 （1）秋兴八首（其一） （2）咏怀古迹（其三） （3）登高

6. 琵琶行（并序）（白居易）

7. 李商隐诗两首　（1）锦瑟　（2）马嵬（其二）

必修4

4. 柳永词两首　（1）望海潮（东南形胜）　（2）雨霖铃（寒蝉凄切）

5. 苏轼词两首　（1）念奴娇·赤壁怀古　（2）定风波（莫听穿林打叶声）

6. 辛弃疾词两首　　（1）水龙吟·登建康赏心亭　（2）永遇乐·京口北固亭怀古

7. 李清照词两首　　（1）醉花阴（薄雾浓云愁永昼）（2）声声慢（寻寻觅觅）

附录2　我国台湾地区"国立"编译馆编著的两套"国文"教科书中的诗词

1983年版"国民中学""国文"教科书中的诗词

第一册

3. 夏夜（杨唤）

5. 绝句选　（1）静夜思（李白）　（2）登鹳雀楼（王之涣）　（3）塞下曲（其三）（卢纶）

15. 七言绝句选　（1）黄鹤楼送孟浩然之广陵（李白）（2）枫桥夜泊（张继）

第二册

5. 绝句选　（1）鹿柴（王维）　（2）江雪（柳宗元）

（3）出塞（王昌龄）　（4）秋夕（杜牧）

15. 律诗选　（1）过故人庄（孟浩然）　（2）闻官军收河南河北（杜甫）

第三册

3. 新诗两首　（1）月夜（胡适）　（2）狮子·悼志摩（胡适）

7. 咏鸟诗　（1）慈乌夜啼（白居易）　（2）燕诗示刘叟（白居易）

16. 木兰诗（佚名）

第四册

2. 新诗二首　（1）只要我们有根（王蓉芷）　（2）鹅銮鼻（余光中）

7. 古诗选　（1）登幽州台歌（陈子昂）　（2）后出塞（其二）（杜甫）

13. 陶渊明诗二首　（1）归园田居（其三）　（2）咏荆轲

第五册

7. 词选　（1）满江红（怒发冲冠）（岳飞）　（2）西江月（明月别枝惊鹊）（辛弃疾）

18. 四时读书乐（春、夏、秋、冬四首）（翁森）

第六册

9. 水仙子·咏江南（张养浩）

1983 年版高级中学"国文"教科书中的诗词

第一册

15. 长干行（李白）

第二册

15. 古诗选 （1）赠卫八处士（杜甫） （2）白雪歌送武判官归京（岑参）

第三册

16. 诗选 （1）古诗（行行重行行）（佚名） 庭中有奇树（佚名） （2）乐府诗《陌上桑》（佚名）

第四册

15. 琵琶行（并序）（白居易）

16. 词选 （1）菩萨蛮（小山重叠金明灭）（温庭筠）（2）谒金门（春雨足）（韦庄） （3）鹊踏枝（谁道闲情抛弃久）（冯延巳）

第五册

4. 蓼莪（佚名）

16. 词选 （1）采桑子（春深雨过西湖好）（欧阳修）（2）水调歌头（明月几时有）（苏轼） （3）念奴娇·赤壁怀古（苏轼） （4）浣溪沙（楼上晴天碧四垂）（周邦彦）

第六册

15．词选 （1）相见欢（金陵城上西楼）（朱敦儒）
（2）如梦令（昨夜雨疏风骤）（李清照） （3）夜游宫·记梦寄师伯浑（陆游） （4）永遇乐·京口北固亭怀古（辛弃疾）

1994 年版"国民中学""国文"教科书中的诗词

第一册

5．五言绝句选 （1）登鹳雀楼（王之涣） （2）塞下曲（卢纶）

15．七言绝句选 （1）黄鹤楼送孟浩然志广陵（李白）（2）枫桥夜泊（张继）

第二册

5．五言律诗选 （1）过故人庄（孟浩然） （2）观猎（王维）

15．七言律诗选 （1）闻官军收河南河北（杜甫）（2）暮春（陆游）

第三册

3．只要我们有根（王蓉芷）

5．古体诗选（一） （1）庭中有奇树（佚名） （2）归园田居（其三）（陶渊明）

15．古体诗选（二） （1）登幽州台歌（陈子昂） （2）慈乌夜啼（白居易）

第四册

3. 一枚铜币（余光中）

5. 乐府歌行选（一）　四时读书乐（春、夏、秋、冬四首）（翁森）

15. 乐府歌行选（二）　木兰诗（佚名）

第五册

5. 词选（一）　（1）南乡子（乘彩舫）（李珣）（2）相见欢（金陵城上西楼）（朱敦儒）

15. 词选（一）　（1）西江月（明月别枝惊鹊）（辛弃疾）　（2）满江红（怒发冲冠）（岳飞）

第六册

5. 水仙子·咏江南（张养浩）

1994 年版高级中学"国文"教科书中的诗词

第一册

15. 饮马长城窟行（佚名）

第二册

6. 长干行（李白）

15. 古体诗选　（1）饮酒（其五）（陶渊明）　（2）赠卫八处士（杜甫）

第三册

15. 近体诗选（一）　（1）八阵图（杜甫）　（2）宿

桐庐江寄广陵旧游（孟浩然）　（3）辋川闲居赠裴秀才迪（王维）

16. 近体诗选（二）　　（1）山行（杜牧）　（2）黄鹤楼（崔颢）　（3）登金陵凤凰台（李白）

第四册

7. 琵琶行（并序）（白居易）

15. 词选（一）　（1）清平乐（别来春半）　（李煜）（2）苏幕遮（燎沉香）（周邦彦）

16. 词选（二）　（1）念奴娇·赤壁怀古（苏轼）（2）贺新郎（把酒长亭说）（辛弃疾）

第五册

9. 蒹葭（《诗经》）（佚名）

第六册

4. 现代诗选　（1）错误（郑愁予）　（2）不系之舟（林冷）

2000 年版"国民中学""国文"教科书中的诗词

第一册

1. 夏夜（杨唤）

5. 绝句选　（1）登鹳雀楼（王之涣）　（2）黄鹤楼送孟浩然之广陵（李白）　（3）枫桥夜泊（张继）

第二册

4. 车过枋寮（余光中）

5. 律诗选　（1）过故人庄（孟浩然）　（2）山居秋暝（王维）　（3）闻官军收河南河北（杜甫）

第三册

5. 古体诗选　（1）归园田居（其三）（陶渊明）（2）慈乌夜啼（白居易）

第四册

5. 乐府诗选（一）　四时读书乐（春、夏二首）（翁森）

6. 新诗选　（1）伞（蓉子）　（2）射手（梁云坡）

10. 乐府诗选（二）　木兰诗（佚名）

第五册

3. 小小的岛（郑愁予）

11. 词选　（1）浣溪沙（楼上晴天碧四垂）　（周邦彦）（2）清平乐·村居（辛弃疾）

第六册

5. 天净沙·秋思（马致远）　山坡羊·潼关怀古（张养浩）